Ute Hammond

Mein erstes Häkelbuch

Für Wolfgang, den Meister

Ute Hammond

Mein erstes Häkelbuch

Der Häkel-Kurs für Kinder ab 8 Jahren

AUGUSTUS

Es war einmal ein kleines Mädchen ...

das sehr gerne handarbeitete. Es dachte sich vieles aus. Mal zeichnete es ein Bild und stickte es aus, mal strickte es Kleider für seine Puppen, ein andermal nähte es aus Stofffetzen, die es fand, Puppenkleider oder häkelte ein Deckchen für das Puppenbett. Manches war ein wenig schief und krumm, aber es machte Spaß.

Als das kleine Mädchen nun größer wurde und in die Schule kam, gab es auch Handarbeitsunterricht. Jetzt musste es die Nadeln „ganz richtig" halten, die Fäden „ganz genau" über die Finger legen, es durfte beim Sticken ganz gewiss keinen Knoten machen und, und, und ...

Vor lauter Anstrengung, alles ganz richtig zu machen, hatte das kleine Mädchen bald keine Lust mehr zum Handarbeiten. Wie schade, denn handarbeiten macht wirklich Spaß.

Also habe ich dieses Buch für dich so geschrieben, dass du dir mit den Maschen, die ich dir erkläre, ganz, ganz viele Dinge selbst ausdenken kannst. Mein Buch soll dir Freude machen und dich auf viele gute Ideen bringen. Ich habe dir nur ganz einfache Anleitungen aufgeschrieben, mit denen du viele Sachen selbst erfinden und ausprobieren kannst. Wie du Nadel und Faden ganz genau halten musst, lernst du sowieso in der Schule.

Sicher hast du in der Schule auch schon Luftmaschen und feste Maschen häkeln gelernt. Zur Erinnerung habe ich sie dir noch einmal am Anfang des Buches kurz erklärt.

Danach gibt es für jede Masche ein extra Kapitel. Zuerst erkläre ich dir ganz genau, wie die Masche gehäkelt wird, und dann kommt etwas, das du mit dieser Masche häkeln kannst. Manche der Sachen sind auch mit verschiedenen Maschen gehäkelt. Und weil jede Masche ihr eigenes Kapitel mit einer Seitenzahl hat, kannst du immer und überall dort anfangen, wo du etwas Schönes zum Nachhäkeln entdeckst.

Viel Vergnügen bei der Häkelei und beim Selbsterfinden wünscht dir

Ute Hammond

Inhalt

Drei Freunde: die Raupe Hugo aus dem Strickbuch, die Laus Lanzelot aus dem Stickbuch und die Schnecke Hilda, die dich durch dieses Häkelbuch führt.

Kleine Nadel- und Wollkunde

Es gibt verschiedene Häkelnadeln: Wollhäkelnadeln und Garnhäkelnadeln.

Die Wollhäkelnadeln gibt es mit und ohne Griff. Die mit dem Griff kannst du besser in der Hand halten. Es gibt sie in der Stärke (das ist die Dicke des Köpfchens in mm) 2 bis 10. Dazwischen gibt es auch noch halbe Millimeter. Mit diesen Nadeln ist alles in diesem Buch gehäkelt.

Die Garnhäkelnadeln gibt es auch in verschiedenen Stärken. Ganz, ganz dünne, manche dünner als ein Millimeter, mit Ihnen häkelt man z.B. ganz feine Deckchen oder umhäkelt Taschentücher. Dazu muß man aber schon ein „Meister-Häkler" sein.

Sticknadeln gibt es dicke und dünne, mit Spitze und ohne Spitze.
Die dicken und stumpfen sind ganz toll zum Zusammennähen und Fäden vernähen.

Es gibt auch viele, viele Arten von Wolle. Dicke Wolle, dünne Wolle, wuschlige Wolle, glatte Wolle, haarige Wolle, reine Wolle, Baumwolle, Wolle mit Baumwolle, Wolle mit Noppen, Wolle mit Synthetic-Garn und Wolle, Wolle, Wolle . . .

Die wuschlige Wolle nennt man Mohair. Glatte Wolle nennt man Sportwolle, Sockenwolle oder Babywolle. Eine genoppte Wolle nennt man Tweed und etwas ganz Tolles ist die ombrierte Wolle. Sie besteht aus vielen Farben, die sich in Abständen immer wiederholen.

Alle Dinge in diesem Buch sind mit glatter Wolle oder Baumwolle gehäkelt, weil das für dich am einfachsten ist.

Um die meisten Wollen ist ein Papierband gewickelt, auf dem der Name der Wolle steht, wer sie herstellt, woraus sie besteht und – ganz, ganz wichtig – mit welcher Nadelstärke man sie stricken oder häkeln soll.

Die Luftmasche

Die Luftmasche brauchst du immer, um eine Häkelei zu beginnen. Am Anfang machst du zuerst einmal eine Schlaufe. So:

Hänge diese Schlaufe auf die Häkelnadel und schlinge den Faden von hinten nach vorne um die Nadel. Du hast jetzt eine Schlaufe und einen Faden auf der Nadel.

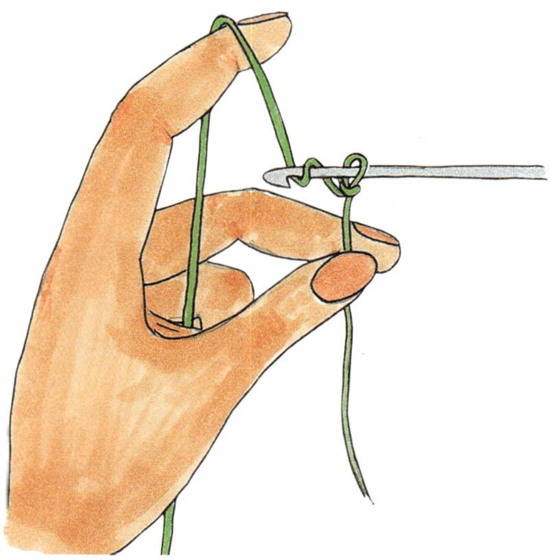

Ziehe den Faden durch die Schlaufe hindurch. Die neue Schlaufe ist deine erste Luftmasche.

Manche Leute behaupten, mit Luftmaschen allein kann man nichts Großartiges häkeln. Na ja, zugegeben, es ist nur eine Schnur, aber was für eine. Eigentlich häkelt man sie als Anfang einer Arbeit. Die größeren Geschwister der Luftmasche halten sich dann an ihr fest. Das sind: die feste Masche, das Stäbchen, das halbe Stäbchen und das doppelte Stäbchen. Man braucht die Luftmasche außerdem zu Beginn jeder neuen Reihe. Sie ist also ganz schön wichtig.

Ein heißer Tipp
Wenn du ein wenig an der Schlaufe ziehst, wird sie etwas größer und du kommst besser mit der Nadel hindurch.

Die Wendeluft-masche

Schau dir einmal die beiden Fotos an. Da siehst du zwei Beispiele, was du aus Luftmaschen häkeln kannst: bunte Schnürsenkel oder schöne Halsketten. Es gibt noch viele andere Sachen, die nur aus Luftmaschen gehäkelt sind: Bänder für Anoraks und Jogginghosen, „Zuziehbänder" für den Rucksack oder Turnbeutel, Freundschaftsarmbänder und Haarbänder. Mit buntem Garn sieht alles besonders hübsch aus. Aus drei einzelnen Luftmaschen-Ketten wird zum Beispiel der Riemen für die Umhängetasche auf Seite 20 geflochten.

Die Wendeluftmasche ist eigentlich auch nur eine Luftmasche. Du häkelst sie, bevor du den „Rückweg" antrittst und eine neue Reihe beginnst. Damit auch alles ganz schön gerade wird, häkelst du

für eine Reihe mit festen Maschen
1 Luftmasche

für eine Reihe mit halben Stäbchen
2 Luftmaschen

für eine Reihe mit ganzen Stäbchen
3 Luftmaschen

für eine Reihe mit doppelten Stäbchen
4 Luftmaschen.

Nun heißen sie nicht mehr Luftmaschen, sondern Wendeluftmaschen. Denn wenn du sie gehäkelt hast, wendest du deine Arbeit, überspringst die erste Masche und häkelst zurück.

Die feste Masche

Die feste Masche „sitzt" immer auf einer anderen Masche oben drauf.

Du hast ein paar Luftmaschen gehäkelt. Steche von vorne nach hinten durch eine Luftmasche hindurch. Ziehe den Faden durch diese Luftmasche. Auf der Nadel sind jetzt zwei Maschen. Hole noch einmal den Faden und ziehe ihn durch beide Maschen hindurch. Fertig ist die feste Masche.

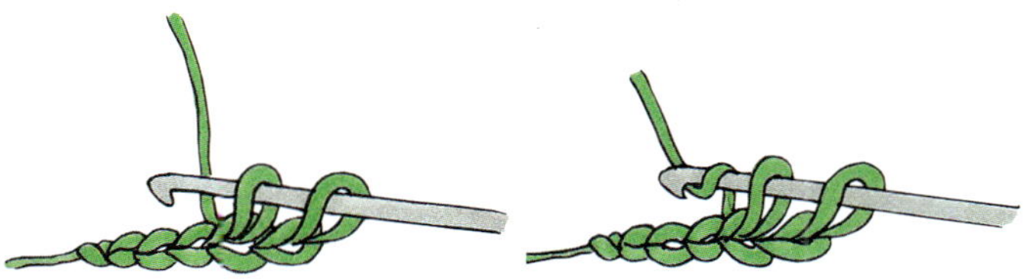

Die Kettmasche

Du brauchst die Kettmasche, wenn du in Runden häkelst. Ganz wichtig ist sie, wenn du von einer Stelle zur anderen „schleichen" willst, ohne dass das Stück an dieser Stelle höher werden darf. Du häkelst sie fast genauso wie die feste Masche.

Du hast eine Masche auf der Nadel. Steche in die nächste Masche ein, hole den Faden durch und ziehe ihn gleich durch beide Maschen hindurch.

Dein erster Topflappen

So, jetzt kannst du die festen Maschen sicher schon ganz großartig häkeln, und die Wendeluftmaschen auch. Ja, und was kannst du nun alles damit anfangen? Also, das Berühmteste, was du mit festen Maschen häkeln kannst, sind Topflappen. Was, du denkst, das ist doof? Viele Erwachsene denken das auch. Ich finde, doof ist man nur selbst, wenn einem nichts einfällt. Ich werde dir gleich zeigen, was ich meine. Du kannst einen Topflappen aus vielen Farben häkeln, mit Streifen in Weiß und Blau, Rot und Blau, Gelb und Grün, Lila und Pink, einfarbig mit buntem Rand, eine Hälfte weiß, eine Hälfte schwarz und, und, und ...

Wahrscheinlich brauchst du selbst noch keinen Topflappen, aber jemand Liebes freut sich sicher sehr, von dir einen Topflappen geschenkt zu bekommen. Und außerdem wirst du sehr erstaunt sein, wie viele Sachen ganz ähnlich wie ein Topflappen gehäkelt werden. Ich erkläre dir zuerst einmal den einfachsten aller Topflappen. Also, bitte umblättern...

Das brauchst du

- ✔ 50 Gramm gelbes Baumwollgarn (für Nadelstärke 4)
- ✔ 1 Häkelnadel, Stärke 4
- ✔ 1 dicke Sticknadel
- ✔ Schere

Ich habe mit Lyric 8/8 von Coats gehäkelt.

So, und jetzt geht es los. Häkle 30 Luftmaschen – 30 müssen es schon sein, sonst wird der Topflappen so winzig klein, dass sich die liebe Person, für die du ihn häkelst, die Finger verbrennt.

Häkle eine Wendeluftmasche. Drehe die Arbeit herum und überspringe die 1. Luftmasche (du weißt ja, die Wendeluftmasche „sitzt“ auf der 1. Luftmasche; auf Seite 8 steht es!) und steche in die 2. Luftmasche ein.

Häkle 29 feste Maschen. Am Ende der Reihe drehst du deine Arbeit herum – man sagt auch „wende deine Arbeit“ – und häkelst eine Wendeluftmasche. Jetzt überspringst du wieder die 1. feste Masche. Du stichst also in die 2. feste Masche ein und häkelst auch in dieser Reihe 29 feste Maschen.

Du bist ganz clever und weißt schon genau, was nun kommt. Klar, immer so weiter und weiter, und weiter, und ... Häkle so viele Reihen, bis dein Topflappen quadratisch ist. Es gibt einen ganz einfachen Trick, um festzustellen, wann dein Topflappen genau quadratisch ist. Du faltest ihn so wie in der Zeichnung.

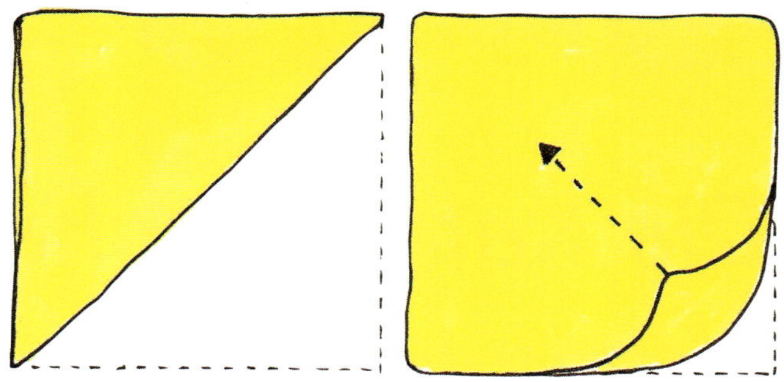

Ecke auf Ecke – wenn's passt, ist dein Topflappen auch wirklich quadratisch!

Wenn beide Ecken genau aufeinander passen, ist dein Topflappen quadratisch und F E R T I G ! Findest du ihn noch ein bisschen langweilig und nicht hübsch genug? Na, dann häkle doch mit einer anderen Farbe außen herum. Auf dem Foto siehst du zwei Beispiele: einmal unseren gelben Topflappen, der nun einen grünen Rand bekommen hat, und einen blauen, mit einem schönen roten Rand.

Ein Topflappen mit Rand

Damit die neue Farbe auch schön gleichmäßig an den Topflappen anschließt, häkelst du zuerst noch einmal mit dem gelben Garn außen um das Quadrat herum. Wie das geht? Am besten fängst du da an, wo du aufgehört hast. Häkle in alle festen Maschen der letzten Reihe noch einmal eine feste Masche. Aber Achtung! Wenn du an die Ecke kommst, passiert etwas Neues:

Ecken häkeln

An den Ecken häkelst du gleich drei feste Maschen in eine Masche. Du stichst also für jede dieser drei Maschen in die gleiche Masche an der Ecke ein.

Das brauchst du

- ✔ 50 Gramm grünes Baumwollgarn (für Nadelstärke 4)

Warum? Weil der Rand sonst zu eng gerät und dein Topflappen nicht schön flach wird, sondern eher wie eine Schüssel aussieht!

3 feste Maschen

An der Seite des Topflappens musst du dann in jede Reihe zwei feste Maschen häkeln, also zweimal einstechen, und in jede Wendeluftmasche eine feste Masche.

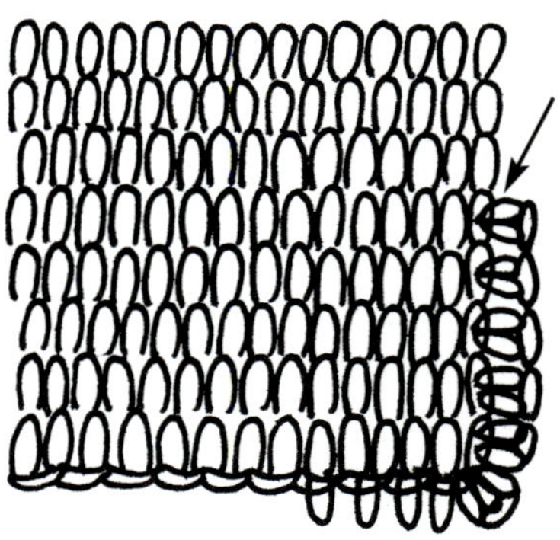

An der Seite in jede Reihe 2 Maschen und in jede Wendeluftmasche 1 Masche häkeln

am unteren Rand musst du in jede Masche einstechen

Vergiss nicht, die drei festen Maschen in der Ecke zu häkeln. Nun hast du die zweite Seite umhäkelt und es geht weiter mit der dritten Seite. Das ist da, wo du angefangen hast: die Luftmaschenreihe am unteren Rand. Dort musst du in jede Luftmasche eine feste Masche häkeln. Denke an die drei Maschen am Ende der Reihe, bevor du mit der vierten Seite beginnst. Du häkelst sie genauso wie die zweite Seite.

Am Ende dieser Seite häkelst du wieder die drei festen Maschen für die Ecke. Schneide den Faden ab, ungefähr so lang wie deine Häkelnadel lang ist. Fädle ihn einfach durch die letzte Masche hindurch, ziehe ihn ein wenig stramm und lasse ihn erst einmal hängen. Was du damit machst, zeige ich dir etwas später.

Nun hast du einen hübschen Rand um deinen Topflappen gehäkelt. Aber eigentlich sollte er ja in einer anderen Farbe sein. Na, das ist ganz einfach. Du häkelst jetzt ganz genauso wie bei dem gelben Rand aber mit der grünen Baumwolle. Vergiss die 3 Maschen in den Ecken nicht. Häkle sie in die mittlere der drei „Ecken-Maschen" der Reihe davor.

Jetzt musst du nur noch all die Fäden vernähen, die an deinem Topflappen hängen.

Das Vernähen

Fädle den Faden, den du vernähen möchtest, durch das Öhr der dicken, stumpfen Sticknadel. Ziehe ihn – wie eine kleine Raupe – durch acht Maschen hindurch und schneide ihn dann ab.

Ein Topflappen zum Aufhängen

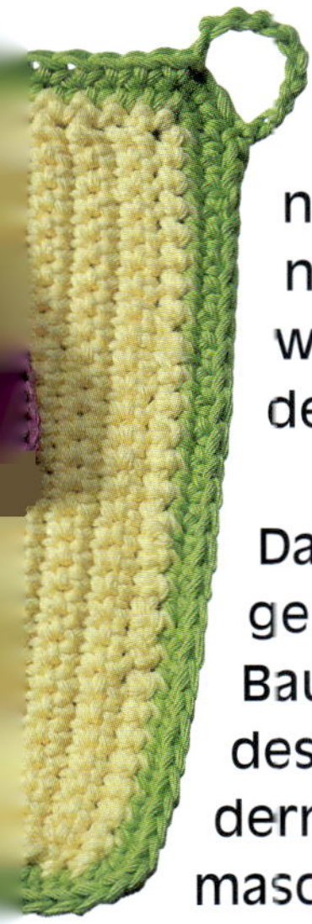

Weißt du, was den Topflappen noch besser macht? Wenn du ihm noch einen „Henkel" häkelst, so wie ihn der gelbe Topflappen mit dem grünen Rand hat.

Das machst du so: Wenn du den gelben Topflappen mit der grünen Baumwolle umhäkelt hast, schneidest du den Faden nicht ab, sondern häkelst mit ihm noch 10 Luftmaschen. Ziehe den Faden dann mit der Häkelnadel durch eine feste Masche am Rand hindurch, schneide ihn ab und vernähe ihn. Jetzt ist dein Topflappen wirklich ein ganz besonderer. Und wem schenkst du ihn?

Du hast trotzdem keine Lust, einen Topflappen zu häkeln? Es gibt noch so viele andere schöne Sachen, die du ganz genauso wie einen Topflappen häkeln kannst. Hier habe ich ein paar Vorschläge aufgeschrieben. Wie wäre es, wenn du viele kleine Topfläppchen aus Baumwolle häkelst, sie zusammenhäkelst und dir eine Tasche daraus machst? Du kannst diese Tasche für Turnsachen, Badezeug, Bücher, Bälle oder einfach nur für Krimskrams nehmen.

Sehr schön sieht es zum Beispiel auch aus, wenn du statt der vielen kleinen Läppchen vier Topflappen aus Wolle häkelst und dir daraus ein Kuschel-Kissen machst.

Für das Schwimmbad oder den Strand kannst du dir eine Decke häkeln. Nimm dazu eine sehr, sehr dicke Baumwolle, sonst ist der Sommer vorbei, bevor du fertig bist! Sicher fällt dir noch mehr ein!

Das Zusammenhäkeln

Lege zwei Lappen so aufeinander, dass die Ränder auch schön aufeinander liegen. Beginne an der einen Ecke. Steche mit der Häkelnadel durch die beiden Lappen hindurch. Hole den Faden und häkle eine feste Masche. Das machst du so oft, bis du an der nächsten Ecke angekommen bist. Zwei Lappen hängen aneinander. Mache das Gleiche noch einmal, dann hast du 2 x zwei Lappen. Lege sie aufeinander und häkle sie entlang zwei Lappen an einer Seite zusammen. So hast du die Vorderseite deines Kissens.

Wenn du auch eine Rückseite möchtest, häkelst du einfach die Vorder- und die Rückseite außen herum zusammen. Aber HALT: Lasse am Ende noch ein Loch offen, durch das du das Kissen schiebst. Ist es drin? Dann häkle zu.

Viele bunte Fingerpüppchen

Wie würden dir zum Beispiel ein paar Fingerpüppchen gefallen? Auch sie häkelst du ein wenig wie einen Topflappen. Nur viel, viel kleiner und nicht quadratisch, sondern länglich. Auf dem Foto siehst du ganz viele Püppchen. Ich habe sie gehäkelt, um dir Appetit zu machen. Sicher fallen dir noch jede Menge andere ein. Du kannst dir ein ganzes Kasperle-Theater zusammenstellen. Vielleicht häkelst du auch die Personen deines Lieblingsmärchens. Oder du denkst dir ein eigenes Märchen aus!

Hier kommen drei Püppchen, für die ich dir genau aufgeschrieben habe, wie sie gehäkelt werden. Du kannst dann immer nachschauen, wie einzelne Teile gearbeitet werden. Für Augen und Mund gibt es ganz viele verschiedene Möglichkeiten. Sie können gemalt werden, wie bei dem Engelchen, oder gestickt, wie bei dem Teufelchen. Aus den Engelsflügeln können auch Ohren für einen Elefanten werden – sie werden nur andersherum angenäht!

Für die Fingerpüppchen brauchst du nur ganz wenig Garn. Vielleicht gibt es bei dir zu Hause Wollreste. Ich habe die Fingerpüppchen mit Stickwolle von Anchor gehäkelt. Die Stickwolle gibt es in ganz kleinen Strängen und vielen Farben. Weil du nur so wenig brauchst, schreibe ich dir nur die Farben auf und nicht die Menge. Wichtig ist nur, dass die Wolle dünn ist und du sie mit einer Nadel der Stärke 3 häkeln kannst. Ist die Wolle dicker, werden aus deinen Fingerpüppchen Handpuppen.

Das kleine Gespenst

Das brauchst du

- weiße Wolle (für Nadelstärke 3)
- 1 Häkelnadel, Stärke 3
- 1 schwarzer Filzschreiber für die Augen
- 1 roter Filzschreiber für den Mund
- 1 dicke Sticknadel
- Schere

Das Gespenst, das ich gehäkelt habe, ist im Bild auf Seite 14 ganz rechts zu sehen. Aber kein Gespenst gleicht wirklich dem anderen. Mal sehen, wie deins aussehen wird!

Und hier geht es jetzt wirklich los.
Häkle 13 Luftmaschen und eine Wendeluftmasche. Du kannst noch einmal auf Seite 7 nachsehen, wie es geht.

Stich in die 2. Luftmasche ein und häkle 12 feste Maschen. Schwuppdiwupp, schon bist du am Ende der Reihe.

Wende deine Arbeit und häkle eine Wendeluftmasche.

Nun stichst du in die 2. feste Masche ein und häkelst 12 feste Maschen.

So häkelst du weiter und weiter, und weiter, und ... insgesamt 36 Reihen.

Geschafft!

Bei der letzten festen Masche schneidest du den Faden ab, ungefähr so lang, wie deine Häkelnadel lang ist, und fädelst ihn durch die Masche hindurch. Ziehe fest an und – fertig!

Nun hast du einen kleinen, länglichen Lappen gehäkelt. Damit alles auch wirklich einfach geht, malst du deinem Gespenst ein Gesicht. Die eine Seite ist die „Bauchseite" mit dem Gesicht. Die andere Seite ist die „Rückenseite". So werde ich sie ab jetzt auch immer nennen!

Zähle auf der Bauchseite (beim Gespenst ist es eigentlich egal, weil alles weiß ist), von unten nach oben bis zur Reihe 12.

In der Mitte der Reihe malst du einen roten Mund.

In Reihe 14 malst du zwei große schwarze Augen, richtige Gespensteraugen.

Vergiss nicht, etwas unterzulegen, damit du den Tisch nicht mit anmalst! Warte ein wenig, bis die Farbe getrocknet ist und du das Gesichtchen nicht verschmierst. So, dein kleines Gespenst ist fertig – fast, denn noch ist es flach wie ein Pfannkuchen. Und auf den Finger setzen kannst du es auch nicht. Du musst es noch zusammennähen. Wie und wo?

36 Reihen hast du gehäkelt. Wenn du dein Läppchen in der Mitte falten willst, ist das bei Reihe 18. Falte das Läppchen wie in der Zeichnung.

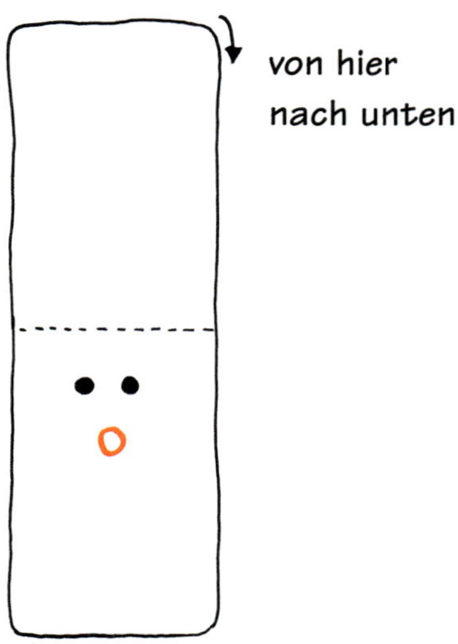

Das Läppchen ist jetzt gefaltet, und das Gesicht ist nun auf der Innenseite. Nähe das Gespenst an den beiden langen Seiten zu. Ich weiß nicht, ob du schon einmal etwas genäht hast, deshalb erkläre ich es dir hier.

Das Zusammennähen

Also, du nimmst die stumpfe Sticknadel und einen Faden von der weißen Wolle. Du darfst ausnahmsweise am Ende deines Fadens einen Knoten machen. Die beiden Seitenteile liegen aufeinander. So, und nun schau dir die Zeichnung an.

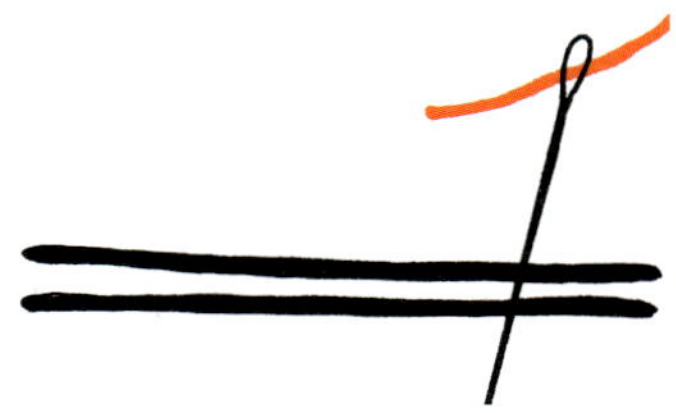

Zuerst musst du natürlich den Faden in die stumpfe Nadel einfädeln. Dann stichst du mit der Nadel von oben nach unten durch die beiden Teile und ziehst den Faden fest. Anschließend stichst du von unten nach oben hindurch und ziehst den Faden wieder fest. So geht es immer weiter. Die Stiche müssen ganz nah beieinander liegen.

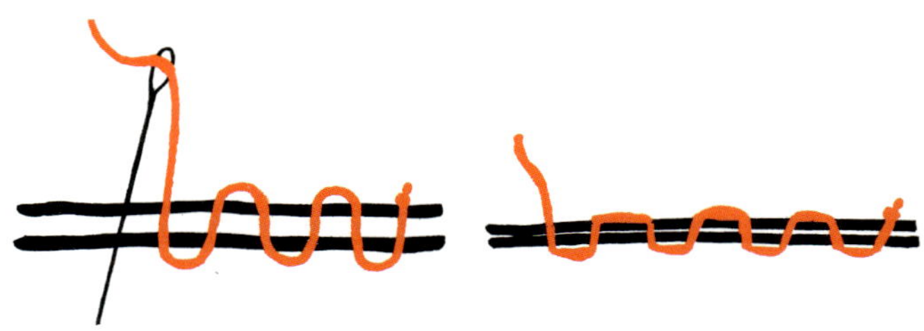

Wenn du oben am Kopf angekommen bist, also da, wo dein Häkelläppchen gefaltet ist, vernähst du den Faden. Wie das geht, steht auf Seite 12. So, die eine Seite hast du geschafft! Jetzt nähe die andere Seite genauso zu.

Nun stülpst du das Ganze um – von innen nach außen. Hast du nicht ein wunderschönes Gespenst? Und einfach ging es doch auch, oder?

Engelchen und Teufelchen

Diese beiden Fingerpuppen häkelst du genauso wie das Gespenst, fast genauso, denn du musst zwischendurch die Wolle wechseln.

Beim Teufel häkle wieder ein Läppchen mit 13 Maschen und 36 Reihen.

Beginne mit roter Wolle. Das wird der Umhang. Häkle 10 Reihen.

Dann häkle 26 Reihen mit schwarzer Wolle.

Faden abschneiden und vernähen. Vernähe auch gleich den roten Faden vom Anfang.

Noch kann der böse kleine Teufel nicht essen, nicht trinken und auch keine bösen Sachen sagen – was nicht soo schlimm wäre! Schnell, sticke oder male ihm Mund und Augen, auf der schwarzen Bauchseite (der Umhang ist natürlich am Rücken).

Nähe die beiden Seiten zu. Genauso wie bei dem Gespenst. Umstülpen, ein bisschen in Form drücken und weiter geht es – mit den Hörnchen.

Nimm die rote Wolle und steche oben am Kopf, da wo du deine Hörnchen haben möchtest, mit der Häkelnadel unter der Masche hindurch.

Ziehe den roten Faden durch. Lasse den Anfang des Fadens ungefähr so lange herunterhängen, wie deine Hand lang ist. Halte ihn ein bisschen fest, damit er nicht durchflutscht. Häkle mit dem anderen Ende vier Luftmaschen. Schneide den Faden ab, ungefähr so lange wie den vom Anfang. Ziehe ihn durch die Masche hindurch, fest anziehen. Verknote die beiden Fäden direkt am Kopf miteinander.

Ein einhörniger Teufel ist wohl ein bisschen komisch. Häkle ihm noch ein zweites Hörnchen. Nimm die Sticknadel, fädle einen Faden nach dem anderen ein (es sind vier Stück) und stich sie in das Innere des Teufelchens. Wende noch einmal von außen nach innen. Verknote die Fäden, schneide sie ab und fertig sind die Hörnchen.

Stülpe das Teufelchen wieder um.

Damit der Teufel nicht zu viel anrichten kann, kommt gleich noch ein liebes, kleines Engelchen dazu!

Du häkelst wieder ein Läppchen mit 13 Maschen und 36 Reihen.

Häkle 10 Reihen mit hellblauer Wolle. Häkle 8 Reihen mit rosa Wolle für das Gesicht. Und nun die Haare: Häkle 8 Reihen mit gelber Wolle. Jetzt musst du nur noch die Rückseite des Kleides häkeln: 10 Reihen wieder mit der hellblauen Wolle. Dann kannst du alle Fäden vernähen.

Nähe die Seiten genauso zu, wie bei dem kleinen Gespenst.

Schön sieht es ja noch nicht aus. Aber gleich! Stülpe das ganze um – das Innere nach außen.

Siehst du, jetzt ist es schon ganz hübsch, aber ein Engel? Nein, da fehlt noch ganz viel. Er hat ein Kleid, Haare, aber kein richtiges Gesicht. Also male deinem Engelein mit den Filzstiften zwei Augen und einen Mund.

Und jetzt noch das Wichtigste bei einem Engel – die Flügel.

Auch sie sind nur mit festen Maschen gehäkelt. Damit es dir auch wirklich gut gelingt, habe ich es dir ganz genau beschrieben und dazu eine Zeichnung gemacht.

Also los geht es:

1. Reihe: Häkle 8 Luftmaschen.

2. Reihe: Häkle 2 Wendeluftmaschen (hier sind es ausnahmsweise 2), steche in die 4. Luftmasche ein und häkle 7 feste Maschen. Wende deine Arbeit.

3. Reihe: Häkle 2 Wendeluftmaschen und 6 feste Maschen (du hast also eine Masche weniger). Wende deine Arbeit.

4. Reihe: Häkle 2 Wendeluftmaschen und 6 feste Maschen. Arbeit wenden.

5. Reihe: Häkle 2 Wendeluftmaschen und 4 feste Maschen (wunderbar, jetzt hast du gleich 2 Maschen weniger!). Wende deine Arbeit.

6. Reihe: Häkle 2 Wendeluftmaschen und 4 feste Maschen. Und die Arbeit wieder wenden.

7. Reihe: Häkle 2 Wendeluftmaschen und 3 feste Maschen (wieder ist es eine Masche weniger). Arbeit wenden.

8. Reihe: Häkle 2 Wendeluftmaschen und 3 feste Maschen. Arbeit wieder wenden.

9. Reihe: Häkle 2 Wendeluftmaschen und 2 feste Maschen. Ganz schnell wieder die Arbeit wenden, es geht dem Ende zu!

10. Reihe: Häkle 2 Wendeluftmaschen und 2 feste Maschen. Schneide den Faden ab, fingerlang, ziehe ihn durch die letzte Masche hindurch und vernähe ihn.

Na, war das einfach? Habe ich mir doch gedacht, dass du das ganz wunderbar kannst. Häkle nun noch einen 2. Flügel damit dein Engel auch ganz wunderbar fliegen kann.

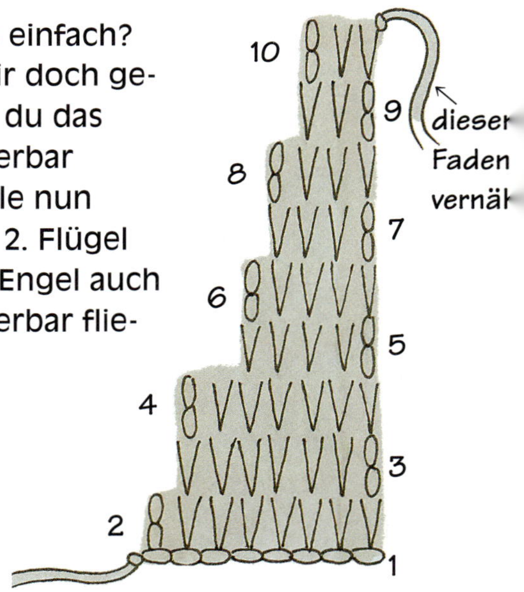

V = Stäbchen

8 = 2 Luftmaschen

So, nun hast du alles gehäkelt. Schau einmal auf der Zeichnung nach, wie es weitergeht.

Einen Faden musst du vernähen. Ich habe hingeschrieben welchen. Mit dem 2. Faden nähst du den Flügel – am Rücken natürlich – fest.

Großes Rätsel: was machst du jetzt? Klar, den 2. Flügel annähen!

Was für einen wunderschönen kleinen Engel du gehäkelt hast! Gefällt er dir?

Bis jetzt kannst du drei Maschen häkeln und daraus schon so viele schöne Dinge machen. Jetzt wird es Zeit, dass ich dir noch eine andere neue Masche zeige.

Das halbe Stäbchen

Das halbe Stäbchen ist ein bisschen größer als die feste Masche und etwas kleiner als das einfache Stäbchen und noch etwas kleiner als das doppelte Stäbchen. Aber jetzt kommt zuerst einmal das halbe Stäbchen.

Hier steht, wie es gemacht wird. Zuerst häkelst du wieder ein paar Luftmaschen. 10 Stück sind genug.

Häkle 2 Wendeluftmaschen. Kennst du noch nicht? Schau nach auf Seite 8.

Auf deiner Nadel „sitzt" eine Masche. Nun legst du den Faden vorne beim Häkchen über die Nadel, von hinten nach vorne. Auf der Nadel sitzen jetzt 1 Masche und 1 Faden.

Stich in die 4. Luftmasche ein. Ziehe den Faden durch diese Luftmasche. Auf deiner Nadel sind jetzt versammelt: 1 Masche, 1 Faden, 1 Masche. Wie in der Zeichnung!

Lege den Faden wieder über die Nadel, ganz vorne beim Häkchen, und ziehe ihn durch die Masche, den Faden, die Maschen hindurch. Schon hast du dein erstes halbes Stäbchen!

Versuche es gleich noch einmal. Los geht es: Lege den Faden von hinten nach vorne über die Nadel, stich in die nächste Luftmasche ein, hole den Faden durch die Luftmasche hindurch. Lege wieder den Faden über die Nadel und ziehe ihn durch die Masche, den Faden und die andere Masche.

Häkle noch ein bisschen weiter. Am Ende der Reihe wendest du deine „Schlange" und häkelst 2 Wendeluftmaschen. Dann stichst du in das 3. halbe Stäbchen ein, holst den Faden und ... so geht es dann immer weiter. Sicher bist du jetzt schon ganz schön fit und möchtest etwas „Richtiges" mit dem halben Stäbchen häkeln.

Eine kleine Tasche

Das brauchst du

- ✔ 50 Gramm rosa Baumwolle
- ✔ 50 Gramm türkisfarbene Baumwolle (beide Farben für Nadelstärke 4)
- ✔ 1 Häkelnadel, Stärke 4
- ✔ 1 Knopf, ungefähr so groß wie ein Zehn-Pfennig-Stück
- ✔ 1 dicke Sticknadel
- ✔ 1 Nähnadel
- ✔ etwas rosa Nähfaden zum Annähen des Knopfes
- ✔ Schere

Ich habe mit Lyric 8/8 von Coats in Rosa (Nr. 525) und Türkis (Nr. 557) gehäkelt.

Und hier geht es los!

1. Reihe: Häkle 25 Luftmaschen.

2. Reihe: Häkle 2 Wendeluftmaschen und dann 24 halbe Stäbchen.

Jetzt bist du am Ende der Reihe angekommen. Wende deine Arbeit, und gleich geht es weiter mit der

3. Reihe: Häkle 2 Wendeluftmaschen und wieder 24 halbe Stäbchen.

So geht es nun immer weiter und weiter, bis du 30 Reihen gehäkelt hast.

Jetzt, nach den 30 Reihen, musst du eine wichtige Entscheidung treffen. Möchtest du, dass dein Täschlein genauso aussieht wie das auf der Zeichnung?

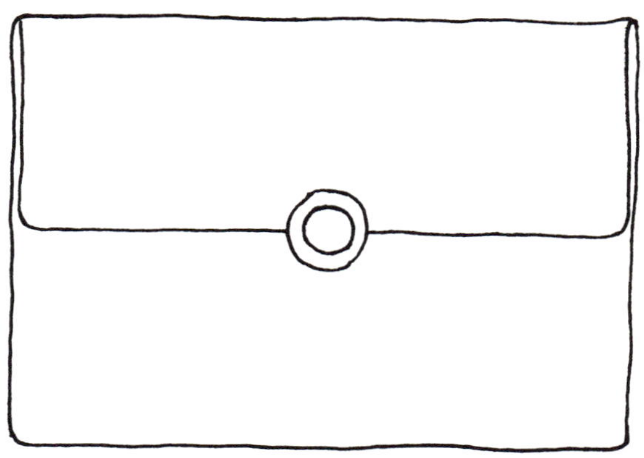

Siehst du, da ist die Klappe ganz gerade. Wenn du auch eine gerade Klappe haben möchtest, dann häkle einfach noch 10 Reihen so weiter wie bisher. Du hast dann 40 Reihen gehäkelt und kannst einfach aufhören.

Möchtest du, dass die Taschenklappe schräge Ränder hat, wie auf dem Foto? Dann musst du nun etwas ganz Neues machen: Maschen „abnehmen".
Es ist gar nicht so schwierig. Ich zeige dir hier, wie es geht:

Die Abnahme am Rand

Die 30. Reihe ist zu Ende. Wende deine Arbeit. Und jetzt kommt die Abnahme. Lege dir ein Lineal unter die Zeile, an der du gerade häkelst, und nichts kann schief gehen.

Häkle 1 Wendeluftmasche (siehst du, die 2 Wendeluftmaschen fallen diesmal aus!).

Jetzt kommt das halbe Stäbchen: Lege den Faden von hinten nach vorne über die Nadel. Auf der Nadel ist jetzt 1 Masche und 1 Faden.

Steche in die 3. Masche ein.

Lege den Faden über die Nadel, vorne beim Häkchen, und ziehe ihn durch die Masche hindurch. Auf deiner Nadel sind nun: 1 Masche, 1 Faden, 1 Masche.

Lege den Faden wieder über die Nadel (denk daran: von hinten nach vorne).

Ziehe den Faden durch die Masche, den Faden und die Masche hindurch.

Fertig! Und schon hast du eine Masche weniger, denn du hast ja die 2. Masche übersprungen.

Nun häkelst du einfach weiter bis zum Ende der Reihe. Das sind 22 halbe Stäbchen.

Wende deine Arbeit. Jetzt kommt die Abnahme auf dieser Seite. Du häkelst sie natürlich ganz genauso wie die 1. Reihe:

Häkle 1 Luftmasche und lege den Faden von hinten nach vorne über die Nadel.

Stich in die 3. Masche ein und hole den Faden durch sie hindurch.

Lege den Faden wieder über die Nadel und ziehe ihn durch die Masche, den Faden und die Masche hindurch.

Das war schon deine 2. Abnahme.
Geht einfach, oder?

So, jetzt häkle 21 halbe Stäbchen bis zum Ende der Reihe. Wende deine Arbeit.

Häkle 1 Luftmasche, lege den Faden über die Nadel und steche in die 3. Masche ein. Nun häkelst du noch 20 halbe Stäbchen. Am Ende der Reihe wieder die Arbeit wenden.

Häkle 1 Luftmasche, lege den Faden über die Nadel, steche in die 3. Masche ein und häkle noch 19 halbe Stäbchen. Arbeit wenden.

Häkle 1 Luftmasche, lege den Faden über die Nadel, steche in die 3. Masche ein und häkle 18 halbe Stäbchen. Und wieder wenden.

Du kannst es schon so gut, dass dir fast langweilig wird. Aber gleich hast du es auch schon geschafft.

Häkle 1 Luftmasche, lege den Faden über die Nadel, steche in die 3. Masche ein und häkle noch 17 halbe Stäbchen. Wende deine Arbeit.

Häkle 1 Luftmasche, lege den Faden über die Nadel, steche in die 3. Masche ein und häkle noch 16 halbe Stäbchen. Arbeit wenden.

Langsam kommst du zum Endspurt. Es werden immer weniger Maschen und es geht schneller und schneller.

Häkle 1 Luftmasche, lege den Faden über die Nadel, steche in die 3. Masche ein und häkle noch 15 halbe Stäbchen. Und wenden.

Häkle 1 Luftmasche, lege den Faden über die Nadel, steche in die 3. Masche ein und häkle noch 14 halbe Stäbchen. Wende deine Arbeit.

Und hier ist der Endspurt:

Häkle 1 Luftmasche, lege den Faden über die Nadel, steche in die 3. Masche ein und häkle noch einmal 13 halbe Stäbchen – hurra, jetzt ist deine Taschenklappe fertig!

Egal, wie du deine Taschenklappe gehäkelt hast, jetzt umhäkelst du deinen „Lappen", der einmal eine Tasche werden soll. Den ganzen Lappen! Auch das geht ganz einfach. Eigentlich wieder einmal genauso wie beim Topflappen. Hier steht noch einmal, wie du es machen sollst.

Du hast am Ende der letzten Reihe noch 1 Masche auf der Nadel, und den Faden hast du auch noch nicht abgeschnitten. Also wende deine Arbeit. Häkle 1 Luftmasche (das ist die Wendeluftmasche), überspringe die 1. Masche und steche in die nächste Masche ein – das ist am Rand der Taschenklappe. Ich habe in der Zeichnung eine 1 hingeschreiben.

Häkle 1 feste Masche und danach noch 12 feste Maschen, wenn du die Klappe mit den schrägen Rändern gehäkelt hast. Bei der geraden Klappe sind es natürlich 24 feste Maschen.

Und jetzt geht es um die Ecke herum, das ist bei der 2 in der Zeichnung. Steche noch zweimal in die selbe Masche ein. Du hast also 3 feste Maschen in dem halben Stäbchen. Warum? Damit du gut um die

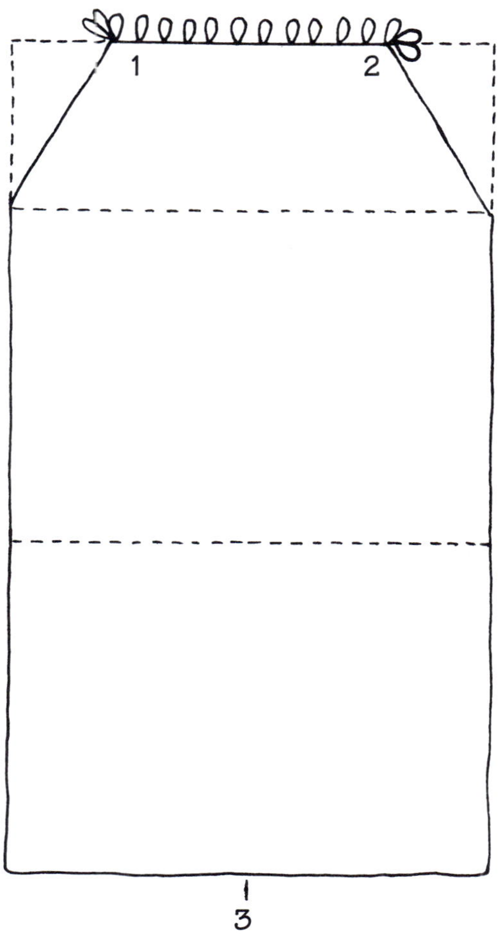

Ecke kommst. Auf Seite 11 beim Topflappen mit Rand habe ich es dir ganz genau erklärt. Und genauso wie beim Topflappen häkelst du jetzt um deinen „Taschenlappen" einmal herum. Wenn du wieder am Anfang angekommen bist, schneide deinen Faden ab. Ziehe ihn durch die Masche hindurch, vernähe ihn und fertig. Na ja, noch nicht so ganz, und deshalb geht es gleich weiter, mit einem

Knopfloch

Dafür häkelst du noch einmal um den Rand herum. Damit es dir nicht langweilig wird und dein Täschlein besonders hübsch aussieht, nimmst du jetzt die türkisfarbene Baumwolle. Damit das auch ganz einfach für dich ist und das Knopfloch sehr schön wird, fängst du dieses Mal nicht an der Klappenseite an, sondern in der Mitte der gegenüberliegenden Seite bei 3.

Steche in die mittlere Masche ein, hole den Faden und häkle eine Luftmasche. Weiter geht es mit festen Maschen. Häkle ganz genauso wie die 1. rosa „Umhäkel-Reihe". Vergiss nicht, an der Ecke 3 feste Maschen zu häkeln! Häkle, häkle, häkle, bis du an der Vorderkante der Klappe angekommen bist.

Wenn du die Taschenklappe schräg gehäkelt hast, musst du jetzt 5 feste Maschen häkeln. Wenn du die gerade Taschenklappe gehäkelt hast, dann häkle 11 feste Maschen.

Achtung, Achtung! Jetzt kommt das Knopfloch: Häkle 3 Luftmaschen. Mit ihnen „springst" du über die nächsten 3 festen Maschen hinweg und stichst in die 7. feste Masche ein (bei der geraden Klappe ist es die 15. Masche). Nun häkelst du einfach weiter, bis du dort angekommen bist, wo du mit der türkisfarbenen Baumwolle begonnen hast.

So sieht das jetzt aus:

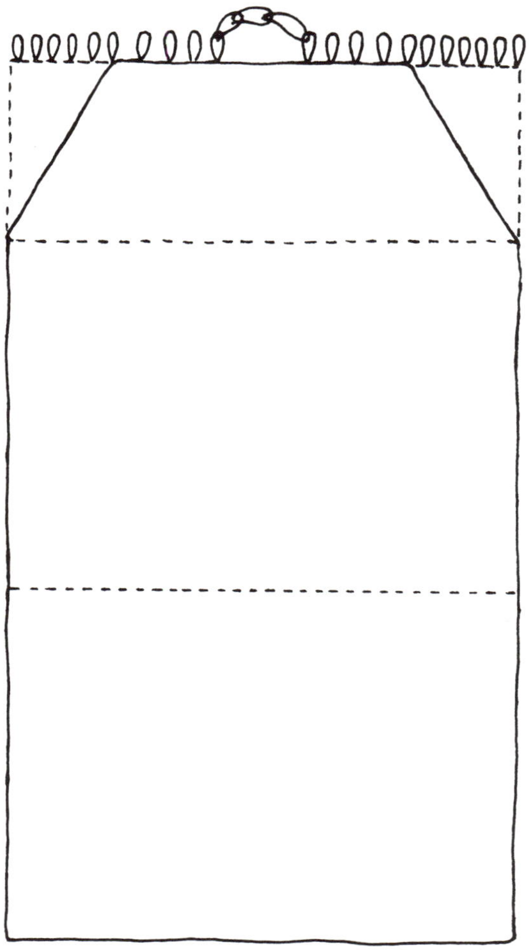

Hast du einmal um den ganzen Lappen gehäkelt? Prima! Schneide den Faden so lang ab, wie deine Häkelnadel lang ist, ziehe ihn durch die Masche, ziehe fest an, vernähe ihn und fertig.

Jetzt soll aus deinem hübschen Lappen eine wunderschöne kleine Tasche werden. Schau dir die Zeichnung genau an, dann kann es losgehen.

Falte deinen Lappen. Die festen Maschen vom „Vorderteil" und die festen Maschen vom „Rückenteil" liegen ganz schön aufeinander. Die Klappe steht über.

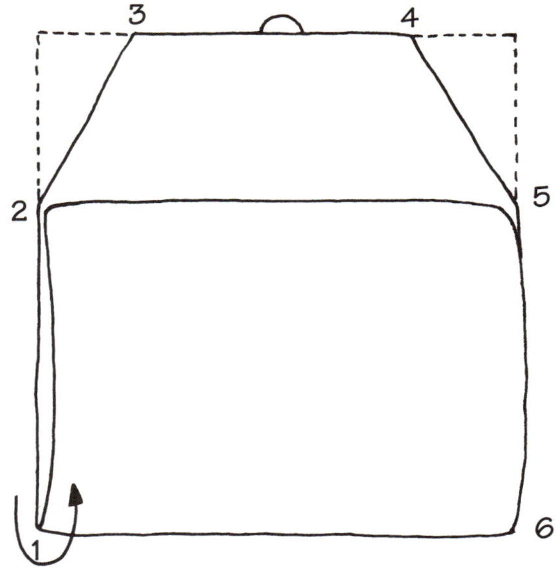

Unten in der Ecke, bei Punkt 1 in der Zeichnung, stichst du mit der Häkelnadel durch beide Teile hindurch, also durch Vorderteil und Rückenteil. Nun holst du den Faden, legst ihn über die Nadel und ziehst ihn durch beide Teile. Stich durch die beiden nächsten Maschen. Hole den Faden, lege den Faden über die Nadel und ziehe ihn durch beide Maschen hindurch. Du hast recht, das ist einfach nur eine feste Masche. Häkle noch 17 Mal das Gleiche. Deine kleine Tasche ist nun an einer Seite geschlossen.

Du bist bei Punkt 2 in der Zeichnung angekommen, bei der Klappe. Häkle einfach mit festen Maschen von Punkt 2 nach Punkt 3. Achtung! Da kommt eine Ecke, du musst also 3 feste Maschen in 1 feste Masche häkeln. Wie das geht, steht auf Seite 11. Weiter geht es: Häkle von 3 nach 4, in die 3 Luftmaschen vom Knopfloch häkelst du 3 feste Maschen. Bei Punkt 4 gibt's wieder eine Ecke mit 3 festen Maschen in 1 Masche und von dort häkelst du zu Punkt 5.

Bei Punkt 5 angekommen häkelst du gleich weiter zu Punkt 6. Ja, das geht genauso wie von Punkt 1 zu Punkt 2. Du häkelst die zweite Seite zusammen. Nun ist dein Täschlein schon fast ganz fertig. Vernähe zuerst die Fäden. Nähe den Knopf an.

Wenn du dein Täschlein als Umhängetasche tragen möchtest, erkläre ich dir jetzt, wie du das Umhängeband fabrizierst. Häkle eine Luftmaschen-Kette mit dem rosa Garn (da wird sich die Luftmasche von Seite 7 freuen). Häkle diese Kette doppelt so lang, wie du die Tasche herunterhängen haben möchtest. Häkle noch zwei genauso lange türkisfarbene Ketten. Die Fäden am Anfang und am Ende kannst du einfach fest verknoten und abschneiden. Auf alle Fälle musst du drei Ketten häkeln, damit du einen Zopf flechten kannst. Lege die drei „Schlangen" aufeinander und knote sie zusammen. Nicht ganz am Ende, damit noch eine hübsche kleine Quaste übersteht. So, und schon geht es weiter.

Hänge die drei Ketten über eine Türklinke und flechte einen Zopf.

Am Ende – nein nicht ganz am Ende – machst du wieder einen Knoten, sodass du wie am Anfang eine Quaste bekommst. Das Band ist fertig!

Du kannst es jetzt an deine Tasche nähen. Fädle einen türkisfarbenen Faden durch die Nadel (die dicke Sticknadel) und nähe das Band dort, wo deine Tasche zuklappt, an der türkisfarbenen Borte fest. Schau einmal auf das Foto auf Seite 20, da siehst du die Stelle ganz genau.
Es ist nicht schwer. Steche oberhalb des dicken Knotens durch das Zopfband und die Tasche hindurch. Immer rauf und runter, rauf und runter. Das machst du so oft, bis das Band fest sitzt. Vernähe den Faden und schon hast du auf der einen Seite deinen „Schulterriemen". Nähe ihn auf der anderen Seite genauso fest.

So, wie dieses kleine Täschlein, kannst du ganz viele Taschen häkeln. Nimm die Hälfte der Maschen und du hast ein kleines Portemonnaie.

Nimm die doppelte Maschenzahl und du bekommst eine richtig große Tasche. Natürlich kannst du auch ganz andere Garne nehmen. Bast oder Lurex, das ist ein „Glitzergarn". Du kannst es aus vielen verschiedenen Farben häkeln. Du kannst, du kannst, du kannst ... dir viele, viele verschiedene Taschen ausdenken!

Die zwei Kopf-Verschönerer

Hier lernst du, wie man in Runden häkelt, statt immer hin und her. Nach dieser Anleitung wird der Kopf vom Barett und vom Sonnenhut gehäkelt. Aber nur bis zur 9. Runde auf Seite 32, danach hat jeder Hut seine eigene Anleitung.

Das brauchst du

- ✔ 100 Gramm schwarze Wolle (für Nadelstärke 4,5)
- ✔ 1 Häkelnadel, Stärke 4,5
- ✔ 1 dicke Sticknadel
- ✔ 1 Knopf oder 1 Applikation
- ✔ Nadel und Faden zum Annähen
- ✔ Schere

Ich habe mit Regia 8 von Schachenmayr in Schwarz (Nr. 2066) gehäkelt.

Das Barett

Zuerst eine Mütze, die du aus halben Stäbchen häkeln kannst. Eine winter-wunder-warme Mütze. Sie sieht nicht nur schick aus, sie wärmt dir auch die Ohren.

So, und jetzt geht es los:

Häkle 4 Luftmaschen. Steche in die 1. Luftmasche ein und häkle eine Kettmasche (wie sie gehäkelt wird, steht auf Seite 9).

Häkle die Luftmaschen nicht zu fest, damit du in der nächsten Runde gut mit der Nadel hineinkommst.

Jetzt hast du einen kleinen Ring gehäkelt. Weiter häkelst du immer im Kreis herum. Und dann kommt auch noch etwas Neues und Wichtiges dazu:

Die Zunahme in der Runde

Dabei machst du aus einer Masche zwei Maschen. Wie das geht? Ganz einfach: Du häkelst in eine Masche zwei Maschen. Ich sage dir immer ganz genau wann. Bei jeder Masche und in jeder Runde. Und jetzt geht's los:

1. Runde:

Häkle in den Ring 8 feste Maschen. Steche dafür zweimal in jede der 4 Luftmaschen ein.

2. Runde:

In jede dieser 8 festen Maschen häkelst du 2 feste Maschen. Am Ende der Runde hast du dann 16 feste Maschen. Das ist doch klar, oder? Damit es dir nicht langweilig wird, gleich noch etwas Neues.

Du häkelst nun mit halben Stäbchen weiter, schließlich ist dieses das Kapitel der halben Stäbchen. Und was jetzt kommt, sieht grausam, schrecklich und schwierig aus. Aber keine Angst, es ist genau das Gegenteil! Ich habe dir jede Masche einzeln aufgeschrieben, deswegen sieht die Anleitung so entsetzlich lang und kompliziert aus. Du kannst Masche für Masche nachhäkeln und nichts kann schief gehen.

3. Runde:

In die 1. feste Masche häkelst du 1 halbes Stäbchen
in die 2. feste Masche häkelst du 2 halbe Stäbchen,
in die 3. feste Masche häkelst du 1 halbes Stäbchen,
in die 4. feste Masche häkelst du 2 halbe Stäbchen,
in die 5. feste Masche häkelst du 1 halbes Stäbchen,
in die 6. feste Masche häkelst du 2 halbe Stäbchen,
in die 7. feste Masche häkelst du 1 halbes Stäbchen,
in die 8. feste Masche häkelst du 2 halbe Stäbchen,

in die 9. feste Masche häkelst du 1 halbes Stäbchen,
in die 10. feste Masche häkelst du 2 halbe Stäbchen,
in die 11. feste Masche häkelst du 1 halbes Stäbchen,
in die 12. feste Masche häkelst du 2 halbe Stäbchen,
in die 13. feste Masche häkelst du 1 halbes Stäbchen,
in die 14. feste Masche häkelst du 2 halbe Stäbchen,
in die 15. feste Masche häkelst du 1 halbes Stäbchen,
in die 16. feste Masche häkelst du 2 halbe Stäbchen.

Das war die 3. Runde und du hast jetzt 24 Maschen. Es war doch sicher nicht schwer.

**Und hier noch ein Tipp:
Wenn du dir hier, an dieser Stelle, einen andersfarbigen Faden hinhängst, weißt du immer, wo eine Runde zu Ende ist.**

Und gleich geht es in die 4. Runde:

In das 1. halbe Stäbchen häkle 1 halbes Stäbchen,
in das 2. halbe Stäbchen häkle 1 halbes Stäbchen,
in das 3. halbe Stäbchen häkle 2 halbe Stäbchen,
in das 4. halbe Stäbchen häkle 1 halbes Stäbchen,
in das 5. halbe Stäbchen häkle 1 halbes Stäbchen,
in das 6. halbe Stäbchen häkle 2 halbe Stäbchen,
in das 7. halbe Stäbchen häkle 1 halbes Stäbchen,
in das 8. halbe Stäbchen häkle 1 halbes Stäbchen,
in das 9. halbe Stäbchen häkle 2 halbe Stäbchen,
in das 10. halbe Stäbchen häkle 1 halbes Stäbchen,
in das 11. halbe Stäbchen häkle 1 halbes Stäbchen,
in das 12. halbe Stäbchen häkle 2 halbe Stäbchen,
in das 13. halbe Stäbchen häkle 1 halbes Stäbchen,
in das 14. halbe Stäbchen häkle 1 halbes Stäbchen,
in das 15. halbe Stäbchen häkle 2 halbe Stäbchen,
in das 16. halbe Stäbchen häkle 1 halbes Stäbchen,
in das 17. halbe Stäbchen häkle 1 halbes Stäbchen,
in das 18. halbe Stäbchen häkle 2 halbe Stäbchen,
in das 19. halbe Stäbchen häkle 1 halbes Stäbchen,
in das 20. halbe Stäbchen häkle 1 halbes Stäbchen,
in das 21. halbe Stäbchen häkle 2 halbe Stäbchen,
in das 22. halbe Stäbchen häkle 1 halbes Stäbchen,
in das 23. halbe Stäbchen häkle 1 halbes Stäbchen,
in das 24. halbe Stäbchen häkle 2 halbe Stäbchen.

Und schon hast du am Ende der Runde 32 Maschen!

Es geht weiter mit der 5. Runde:

In das 1. halbe Stäbchen häkle 1 halbes Stäbchen,
in das 2. halbe Stäbchen häkle 1 halbes Stäbchen,
in das 3. halbe Stäbchen häkle 1 halbes Stäbchen,
in das 4. halbe Stäbchen häkle 2 halbe Stäbchen,
in das 5. halbe Stäbchen häkle 1 halbes Stäbchen,
in das 6. halbe Stäbchen häkle 1 halbes Stäbchen,
in das 7. halbe Stäbchen häkle 1 halbes Stäbchen,
in das 8. halbe Stäbchen häkle 2 halbe Stäbchen,
in das 9. halbe Stäbchen häkle 1 halbes Stäbchen,
in das 10. halbe Stäbchen häkle 1 halbes Stäbchen,
in das 11. halbe Stäbchen häkle 1 halbes Stäbchen,
in das 12. halbe Stäbchen häkle 2 halbe Stäbchen,
in das 13. halbe Stäbchen häkle 1 halbes Stäbchen,
in das 14. halbe Stäbchen häkle 1 halbes Stäbchen,
in das 15. halbe Stäbchen häkle 1 halbes Stäbchen,
in das 16. halbe Stäbchen häkle 2 halbe Stäbchen,
in das 17. halbe Stäbchen häkle 1 halbes Stäbchen,
in das 18. halbe Stäbchen häkle 1 halbes Stäbchen,
in das 19. halbe Stäbchen häkle 1 halbes Stäbchen,
in das 20. halbe Stäbchen häkle 2 halbe Stäbchen,
in das 21. halbe Stäbchen häkle 1 halbes Stäbchen,
in das 22. halbe Stäbchen häkle 1 halbes Stäbchen,
in das 23. halbe Stäbchen häkle 1 halbes Stäbchen,
in das 24. halbe Stäbchen häkle 2 halbe Stäbchen,
in das 25. halbe Stäbchen häkle 1 halbes Stäbchen,
in das 26. halbe Stäbchen häkle 1 halbes Stäbchen,
in das 27. halbe Stäbchen häkle 1 halbes Stäbchen,
in das 28. halbe Stäbchen häkle 2 halbe Stäbchen,
in das 29. halbe Stäbchen häkle 1 halbes Stäbchen,
in das 30. halbe Stäbchen häkle 1 halbes Stäbchen,
in das 31. halbe Stäbchen häkle 1 halbes Stäbchen,
in das 32. halbe Stäbchen häkle 2 halbe Stäbchen.

Und schon hast du 40 Maschen in einer Runde. Zähle einmal nach, ob es stimmt. Und gleich geht es weiter

in die 6. Runde:

In das 1. halbe Stäbchen häkle 1 halbes Stäbchen,
in das 2. halbe Stäbchen häkle 1 halbes Stäbchen,
in das 3. halbe Stäbchen häkle 1 halbes Stäbchen,
in das 4. halbe Stäbchen häkle 1 halbes Stäbchen,
in das 5. halbe Stäbchen häkle 2 halbe Stäbchen,
in das 6. halbe Stäbchen häkle 1 halbes Stäbchen,
in das 7. halbe Stäbchen häkle 1 halbes Stäbchen,
in das 8. halbe Stäbchen häkle 1 halbes Stäbchen,
in das 9. halbe Stäbchen häkle 1 halbes Stäbchen,
in das 10. halbe Stäbchen häkle 2 halbe Stäbchen,
in das 11. halbe Stäbchen häkle 1 halbes Stäbchen,
in das 12. halbe Stäbchen häkle 1 halbes Stäbchen,
in das 13. halbe Stäbchen häkle 1 halbes Stäbchen,
in das 14. halbe Stäbchen häkle 1 halbes Stäbchen,
in das 15. halbe Stäbchen häkle 2 halbe Stäbchen,
in das 16. halbe Stäbchen häkle 1 halbes Stäbchen,
in das 17. halbe Stäbchen häkle 1 halbes Stäbchen,
in das 18. halbe Stäbchen häkle 1 halbes Stäbchen,
in das 19. halbe Stäbchen häkle 1 halbes Stäbchen,
in das 20. halbe Stäbchen häkle 2 halbe Stäbchen,
in das 21. halbe Stäbchen häkle 1 halbes Stäbchen,
in das 22. halbe Stäbchen häkle 1 halbes Stäbchen,
in das 23. halbe Stäbchen häkle 1 halbes Stäbchen,
in das 24. halbe Stäbchen häkle 1 halbes Stäbchen,
in das 25. halbe Stäbchen häkle 2 halbe Stäbchen,
in das 26. halbe Stäbchen häkle 1 halbes Stäbchen,
in das 27. halbe Stäbchen häkle 1 halbes Stäbchen,
in das 28. halbe Stäbchen häkle 1 halbes Stäbchen,
in das 29. halbe Stäbchen häkle 1 halbes Stäbchen,
in das 30. halbe Stäbchen häkle 2 halbe Stäbchen,
in das 31. halbe Stäbchen häkle 1 halbes Stäbchen,
in das 32. halbe Stäbchen häkle 1 halbes Stäbchen,
in das 33. halbe Stäbchen häkle 1 halbes Stäbchen,
in das 34. halbe Stäbchen häkle 1 halbes Stäbchen,
in das 35. halbe Stäbchen häkle 2 halbe Stäbchen,
in das 36. halbe Stäbchen häkle 1 halbes Stäbchen,
in das 37. halbe Stäbchen häkle 1 halbes Stäbchen,
in das 38. halbe Stäbchen häkle 1 halbes Stäbchen,
in das 39. halbe Stäbchen häkle 1 halbes Stäbchen,
in das 40. halbe Stäbchen häkle 2 halbe Stäbchen.

48 halbe Stäbchen sind es jetzt. Das reicht noch nicht um deinen Kopf herum, also häkle weiter. Hier steht schon, wie es weitergeht.

Die 7. Runde:

In das 1. halbe Stäbchen häkle 1 halbes Stäbchen,
in das 2. halbe Stäbchen häkle 1 halbes Stäbchen,
in das 3. halbe Stäbchen häkle 1 halbes Stäbchen,
in das 4. halbe Stäbchen häkle 1 halbes Stäbchen,
in das 5. halbe Stäbchen häkle 1 halbes Stäbchen,
in das 6. halbe Stäbchen häkle 2 halbe Stäbchen,
in das 7. halbe Stäbchen häkle 1 halbes Stäbchen,
in das 8. halbe Stäbchen häkle 1 halbes Stäbchen,
in das 9. halbe Stäbchen häkle 1 halbes Stäbchen,
in das 10. halbe Stäbchen häkle 1 halbes Stäbchen,
in das 11. halbe Stäbchen häkle 1 halbes Stäbchen,
in das 12. halbe Stäbchen häkle 2 halbe Stäbchen,
in das 13. halbe Stäbchen häkle 1 halbes Stäbchen,
in das 14. halbe Stäbchen häkle 1 halbes Stäbchen,
in das 15. halbe Stäbchen häkle 1 halbes Stäbchen,
in das 16. halbe Stäbchen häkle 1 halbes Stäbchen,
in das 17. halbe Stäbchen häkle 1 halbes Stäbchen,
in das 18. halbe Stäbchen häkle 2 halbe Stäbchen,
in das 19. halbe Stäbchen häkle 1 halbes Stäbchen,

in das 20. halbe Stäbchen häkle 1 halbes Stäbchen,
in das 21. halbe Stäbchen häkle 1 halbes Stäbchen,
in das 22. halbe Stäbchen häkle 1 halbes Stäbchen,
in das 23. halbe Stäbchen häkle 1 halbes Stäbchen,
in das 24. halbe Stäbchen häkle 2 halbe Stäbchen,
in das 25. halbe Stäbchen häkle 1 halbes Stäbchen,
in das 26. halbe Stäbchen häkle 1 halbes Stäbchen,
in das 27. halbe Stäbchen häkle 1 halbes Stäbchen,
in das 28. halbe Stäbchen häkle 1 halbes Stäbchen,
in das 29. halbe Stäbchen häkle 1 halbes Stäbchen,
in das 30. halbe Stäbchen häkle 2 halbe Stäbchen,
in das 31. halbe Stäbchen häkle 1 halbes Stäbchen,
in das 32. halbe Stäbchen häkle 1 halbes Stäbchen,
in das 33. halbe Stäbchen häkle 1 halbes Stäbchen,
in das 34. halbe Stäbchen häkle 1 halbes Stäbchen,
in das 35. halbe Stäbchen häkle 1 halbes Stäbchen,
in das 36. halbe Stäbchen häkle 2 halbe Stäbchen,
in das 37. halbe Stäbchen häkle 1 halbes Stäbchen,
in das 38. halbe Stäbchen häkle 1 halbes Stäbchen,
in das 39. halbe Stäbchen häkle 1 halbes Stäbchen,
in das 40. halbe Stäbchen häkle 1 halbes Stäbchen,
in das 41. halbe Stäbchen häkle 1 halbes Stäbchen,
in das 42. halbe Stäbchen häkle 2 halbe Stäbchen,
in das 43. halbe Stäbchen häkle 1 halbes Stäbchen,
in das 44. halbe Stäbchen häkle 1 halbes Stäbchen,
in das 45. halbe Stäbchen häkle 1 halbes Stäbchen,
in das 46. halbe Stäbchen häkle 1 halbes Stäbchen,
in das 47. halbe Stäbchen häkle 1 halbes Stäbchen,
in das 48. halbe Stäbchen häkle 2 halbe Stäbchen.

56 Maschen, das ist schon eine ganz schöne Menge! Die Runden werden jetzt immer länger und länger.

Hier geht es jetzt weiter mit der 8. Runde:

In das 1. halbe Stäbchen häkle 1 halbes Stäbchen,
in das 2. halbe Stäbchen häkle 1 halbes Stäbchen,
in das 3. halbe Stäbchen häkle 1 halbes Stäbchen,
in das 4. halbe Stäbchen häkle 1 halbes Stäbchen,
in das 5. halbe Stäbchen häkle 1 halbes Stäbchen,
in das 6. halbe Stäbchen häkle 1 halbes Stäbchen,
in das 7. halbe Stäbchen häkle 2 halbe Stäbchen,
in das 8. halbe Stäbchen häkle 1 halbes Stäbchen,
in das 9. halbe Stäbchen häkle 1 halbes Stäbchen,
in das 10. halbe Stäbchen häkle 1 halbes Stäbchen,
in das 11. halbe Stäbchen häkle 1 halbes Stäbchen,
in das 12. halbe Stäbchen häkle 1 halbes Stäbchen,
in das 13. halbe Stäbchen häkle 1 halbes Stäbchen,
in das 14. halbe Stäbchen häkle 2 halbe Stäbchen,
in das 15. halbe Stäbchen häkle 1 halbes Stäbchen,
in das 16. halbe Stäbchen häkle 1 halbes Stäbchen,
in das 17. halbe Stäbchen häkle 1 halbes Stäbchen,
in das 18. halbe Stäbchen häkle 1 halbes Stäbchen,
in das 19. halbe Stäbchen häkle 1 halbes Stäbchen,

Hier ein Tipp:
Vielleicht magst du aufhören und ein bisschen spielen gehen, oder schlafen, falls es schon spät ist. Versuche die Reihe bis zum Ende zu häkeln und mache dir mit einem Bleistift ein kleines Häkchen an die Zeile, bei der du aufgehört hast zu häkeln. Wenn du nach deiner Pause weitermachen willst, weißt du gleich, an welcher Stelle du bist und wie es weitergeht.

in das 20. halbe Stäbchen häkle 1 halbes Stäbchen,
in das 21. halbe Stäbchen häkle 2 halbe Stäbchen,
in das 22. halbe Stäbchen häkle 1 halbes Stäbchen,
in das 23. halbe Stäbchen häkle 1 halbes Stäbchen,
in das 24. halbe Stäbchen häkle 1 halbes Stäbchen,
in das 25. halbe Stäbchen häkle 1 halbes Stäbchen,
in das 26. halbe Stäbchen häkle 1 halbes Stäbchen,
in das 27. halbe Stäbchen häkle 1 halbes Stäbchen,
in das 28. halbe Stäbchen häkle 2 halbe Stäbchen,
in das 29. halbe Stäbchen häkle 1 halbes Stäbchen,
in das 30. halbe Stäbchen häkle 1 halbes Stäbchen,
in das 31. halbe Stäbchen häkle 1 halbes Stäbchen,
in das 32. halbe Stäbchen häkle 1 halbes Stäbchen,
in das 33. halbe Stäbchen häkle 1 halbes Stäbchen,
in das 34. halbe Stäbchen häkle 1 halbes Stäbchen,
in das 35. halbe Stäbchen häkle 2 halbe Stäbchen,
in das 36. halbe Stäbchen häkle 1 halbes Stäbchen,
in das 37. halbe Stäbchen häkle 1 halbes Stäbchen,
in das 38. halbe Stäbchen häkle 1 halbes Stäbchen,
in das 39. halbe Stäbchen häkle 1 halbes Stäbchen,
in das 40. halbe Stäbchen häkle 1 halbes Stäbchen,
in das 41. halbe Stäbchen häkle 1 halbes Stäbchen,
in das 42. halbe Stäbchen häkle 2 halbe Stäbchen,
in das 43. halbe Stäbchen häkle 1 halbes Stäbchen,
in das 44. halbe Stäbchen häkle 1 halbes Stäbchen,
in das 45. halbe Stäbchen häkle 1 halbes Stäbchen,
in das 46. halbe Stäbchen häkle 1 halbes Stäbchen,
in das 47. halbe Stäbchen häkle 1 halbes Stäbchen,
in das 48. halbe Stäbchen häkle 1 halbes Stäbchen,
in das 49. halbe Stäbchen häkle 2 halbe Stäbchen
in das 50. halbe Stäbchen häkle 1 halbes Stäbchen,
in das 51. halbe Stäbchen häkle 1 halbes Stäbchen,
in das 52. halbe Stäbchen häkle 1 halbes Stäbchen,
in das 53. halbe Stäbchen häkle 1 halbes Stäbchen,
in das 54. halbe Stäbchen häkle 1 halbes Stäbchen,
in das 55. halbe Stäbchen häkle 1 halbes Stäbchen,
in das 56. halbe Stäbchen häkle 2 halbe Stäbchen.

Du hast jetzt schon 64 halbe Stäbchen in einer Runde. Zähle einmal nach. Ich kann mir vorstellen, dass es stimmt. Sicher hast du doch immer ganz genau mitgezählt.

Nun kommt die 9. Runde:

In das 1. halbe Stäbchen häkle 1 halbes Stäbchen,
in das 2. halbe Stäbchen häkle 1 halbes Stäbchen,
in das 3. halbe Stäbchen häkle 1 halbes Stäbchen,
in das 4. halbe Stäbchen häkle 1 halbes Stäbchen,
in das 5. halbe Stäbchen häkle 1 halbes Stäbchen,
in das 6. halbe Stäbchen häkle 1 halbes Stäbchen,
in das 7. halbe Stäbchen häkle 1 halbes Stäbchen,
in das 8. halbe Stäbchen häkle 2 halbe Stäbchen,
in das 9. halbe Stäbchen häkle 1 halbes Stäbchen,
in das 10. halbe Stäbchen häkle 1 halbes Stäbchen,
in das 11. halbe Stäbchen häkle 1 halbes Stäbchen,
in das 12. halbe Stäbchen häkle 1 halbes Stäbchen,
in das 13. halbe Stäbchen häkle 1 halbes Stäbchen,
in das 14. halbe Stäbchen häkle 1 halbes Stäbchen,
in das 15. halbe Stäbchen häkle 1 halbes Stäbchen,
in das 16. halbe Stäbchen häkle 2 halbe Stäbchen,
in das 17. halbe Stäbchen häkle 1 halbes Stäbchen,
in das 18. halbe Stäbchen häkle 1 halbes Stäbchen,
in das 19. halbe Stäbchen häkle 1 halbes Stäbchen,
in das 20. halbe Stäbchen häkle 1 halbes Stäbchen,
in das 21. halbe Stäbchen häkle 1 halbes Stäbchen,
in das 22. halbe Stäbchen häkle 1 halbes Stäbchen,
in das 23. halbe Stäbchen häkle 1 halbes Stäbchen,
in das 24. halbe Stäbchen häkle 2 halbe Stäbchen,
in das 25. halbe Stäbchen häkle 1 halbes Stäbchen,
in das 26. halbe Stäbchen häkle 1 halbes Stäbchen,
in das 27. halbe Stäbchen häkle 1 halbes Stäbchen,
in das 28. halbe Stäbchen häkle 1 halbes Stäbchen,
in das 29. halbe Stäbchen häkle 1 halbes Stäbchen,
in das 30. halbe Stäbchen häkle 1 halbes Stäbchen,
in das 31. halbe Stäbchen häkle 1 halbes Stäbchen,
in das 32. halbe Stäbchen häkle 2 halbe Stäbchen,
in das 33. halbe Stäbchen häkle 1 halbes Stäbchen,
in das 34. halbe Stäbchen häkle 1 halbes Stäbchen,

in das 35. halbe Stäbchen häkle 1 halbes Stäbchen,
in das 36. halbe Stäbchen häkle 1 halbes Stäbchen,
in das 37. halbe Stäbchen häkle 1 halbes Stäbchen,
in das 38. halbe Stäbchen häkle 1 halbes Stäbchen,
in das 39. halbe Stäbchen häkle 1 halbes Stäbchen,
in das 40. halbe Stäbchen häkle 2 halbe Stäbchen,
in das 41. halbe Stäbchen häkle 1 halbes Stäbchen,
in das 42. halbe Stäbchen häkle 1 halbes Stäbchen,
in das 43. halbe Stäbchen häkle 1 halbes Stäbchen,
in das 44. halbe Stäbchen häkle 1 halbes Stäbchen,
in das 45. halbe Stäbchen häkle 1 halbes Stäbchen,
in das 46. halbe Stäbchen häkle 1 halbes Stäbchen,
in das 47. halbe Stäbchen häkle 1 halbes Stäbchen,
in das 48. halbe Stäbchen häkle 2 halbe Stäbchen,
in das 49. halbe Stäbchen häkle 1 halbes Stäbchen,
in das 50. halbe Stäbchen häkle 1 halbes Stäbchen,
in das 51. halbe Stäbchen häkle 1 halbes Stäbchen,
in das 52. halbe Stäbchen häkle 1 halbes Stäbchen,
in das 53. halbe Stäbchen häkle 1 halbes Stäbchen,
in das 54. halbe Stäbchen häkle 1 halbes Stäbchen,
in das 55. halbe Stäbchen häkle 1 halbes Stäbchen,
in das 56. halbe Stäbchen häkle 2 halbe Stäbchen,
in das 57. halbe Stäbchen häkle 1 halbes Stäbchen,
in das 58. halbe Stäbchen häkle 1 halbes Stäbchen,
in das 59. halbe Stäbchen häkle 1 halbes Stäbchen,
in das 60. halbe Stäbchen häkle 1 halbes Stäbchen,
in das 61. halbe Stäbchen häkle 1 halbes Stäbchen,
in das 62. halbe Stäbchen häkle 1 halbes Stäbchen,
in das 63. halbe Stäbchen häkle 1 halbes Stäbchen,
in das 64. halbe Stäbchen häkle 2 halbe Stäbchen.

72 Maschen hast du gehäkelt und schon einen ganz schön großen „Teller". Für dein Barett ist er noch nicht groß genug. Aber für den Sonnenhut von Seite 36 hörst du hier schon mit dem Zunehmen auf.

Für dein Barett häkelst du hier weiter, damit es schön weit und schick wird.

Es geht in die 10. Runde:

In das 1., 2., 3., 4., 5., 6., 7., 8.
halbe Stäbchen häkle 1 halbes Stäbchen
in das 9.
halbe Stäbchen häkle 2 halbe Stäbchen
in das 10.,11., 12., 13., 14., 15., 16., 17.
halbe Stäbchen häkle 1 halbes Stäbchen
in das 18.
halbe Stäbchen häkle 2 halbe Stäbchen
in das 19., 20., 21., 22., 23., 24., 25., 26.
halbe Stäbchen häkle 1 halbes Stäbchen
in das 27. halbe Stäbchen häkle 2 halbe Stäbchen
in das 28., 29., 30., 31., 32., 33., 34., 35.
halbe Stäbchen häkle 1 halbes Stäbchen
in das 36. halbe Stäbchen häkle 2 halbe Stäbchen
in das 37., 38., 39., 40., 41., 42., 43., 44.
halbe Stäbchen häkle 1 halbes Stäbchen
in das 45. halbe Stäbchen häkle 2 halbe Stäbchen
in das 46., 47., 48., 49., 50., 51., 52., 53.
halbe Stäbchen häkle 1 halbes Stäbchen
in das 54.
halbe Stäbchen häkle 2 halbe Stäbchen
in das 55., 56., 57., 58., 59., 60., 61., 62.
halbe Stäbchen häkle 1 halbes Stäbchen
in das 63.
halbe Stäbchen häkle 2 halbe Stäbchen
in das 64., 65., 66., 67., 68., 69., 70., 71.
halbe Stäbchen häkle 1 halbes Stäbchen
in das 72. halbe Stäbchen häkle 2 halbe Stäbchen

84 Maschen. Bald hast du es geschafft.

Hier kommt die 11. Runde :

In das 1., 2., 3., 4., 5., 6., 7., 8., 9.
halbe Stäbchen häkle 1 halbes Stäbchen
in das 10.
halbe Stäbchen häkle 2 halbe Stäbchen
In das 11., 12., 13., 14., 15., 16., 17., 18., 19.
halbe Stäbchen häkle 1 halbes Stäbchen
in das 20.
halbe Stäbchen häkle 2 halbe Stäbchen
In das 21., 22., 23., 24., 25., 26., 27., 28., 29.
halbe Stäbchen häkle 1 halbes Stäbchen
in das 30.
halbe Stäbchen häkle 2 halbe Stäbchen
In das 31., 32., 33., 34., 35., 36., 37., 38., 39.
halbe Stäbchen häkle 1 halbes Stäbchen
in das 40.
halbe Stäbchen häkle 2 halbe Stäbchen
In das 41., 42., 43., 44., 45., 46., 47., 48., 49.
halbe Stäbchen häkle 1 halbes Stäbchen
in das 50.
halbe Stäbchen häkle 2 halbe Stäbchen
In das 51., 52., 53., 54., 55., 56., 57., 58., 59.
halbe Stäbchen häkle 1 halbes Stäbchen
in das 60.
halbe Stäbchen häkle 2 halbe Stäbchen
In das 61., 62., 63., 64., 65., 66., 67., 68., 69.
halbe Stäbchen häkle 1 halbes Stäbchen
in das 70.
halbe Stäbchen häkle 2 halbe Stäbchen
In das 71., 72., 73., 74., 75., 76., 77., 78., 79.
halbe Stäbchen häkle 1 halbes Stäbchen
in das 80.
halbe Stäbchen häkle 2 halbe Stäbchen

88 Maschen sind es schon.

Und gleich geht es weiter mit der 12. Runde:

In das 1., 2., 3., 4., 5., 6., 7., 8., 9., 10.
halbe Stäbchen häkle 1 halbes Stäbchen
in das 11.
halbe Stäbchen häkle 2 halbe Stäbchen
In das 12., 13., 14., 15., 16., 17., 18., 19., 20., 21.
halbe Stäbchen häkle 1 halbes Stäbchen
in das 22.
halbe Stäbchen häkle 2 halbe Stäbchen
in das 23., 24., 25., 26., 27., 28., 29., 30., 31., 32.
halbe Stäbchen häkle 1 halbes Stäbchen
in das 33.
halbe Stäbchen häkle 2 halbe Stäbchen
In das 34., 35., 36., 37., 38., 39., 40., 41., 42., 43.
halbe Stäbchen häkle 1 halbes Stäbchen
in das 44. halbe Stäbchen häkle 2 halbe Stäbchen
in das 45., 46., 47., 48., 49., 50., 51., 52., 53., 54.
halbe Stäbchen häkle 1 halbes Stäbchen
in das 55.
halbe Stäbchen häkle 2 halbe Stäbchen
in das 56., 57., 58., 59., 60., 61., 62., 63., 64., 65.
halbe Stäbchen häkle 1 halbes Stäbchen
in das 66.
halbe Stäbchen häkle 2 halbe Stäbchen
in das 67., 68., 69., 70., 71., 72., 73., 74., 75., 76.
halbe Stäbchen häkle 1 halbes Stäbchen
in das 77.
halbe Stäbchen häkle 2 halbe Stäbchen
in das 78., 79., 80., 81., 82., 83., 84., 85., 86., 87.
halbe Stäbchen häkle 1 halbes Stäbchen
in das 88.
halbe Stäbchen häkle 2 halbe Stäbchen

Kaum zu glauben, du hast schon 96 Maschen in einer Runde.

Langsam näherst du dich der Endrunde.

Hier kommt sie die 13. Runde: du bist doch sicher nicht abergläubisch!

In das 1., 2., 3., 4., 5., 6., 7., 8., 9., 10., 11.
halbe Stäbchen häkle 1 halbes Stäbchen
in das 12.
halbe Stäbchen häkle 2 halbe Stäbchen
in das 13., 14., 15., 16., 17., 18., 19., 20., 21., 22., 23.
halbe Stäbchen häkle 1 halbes Stäbchen
in das 24.
halbe Stäbchen häkle 2 halbe Stäbchen
in das 25., 26., 27., 28., 29., 30., 31., 32., 33., 34., 35.
halbe Stäbchen häkle 1 halbes Stäbchen
in das 36.
halbe Stäbchen häkle 2 halbe Stäbchen
in das 37., 38., 39., 40., 41., 42., 43., 44., 45., 46., 47.
halbe Stäbchen häkle 1 halbes Stäbchen
in das 48.
halbe Stäbchen häkle 2 halbe Stäbchen
in das 49., 50., 51., 52., 53., 54., 55., 56., 57., 58., 59.
halbe Stäbchen häkle 1 halbes Stäbchen
in das 60. halbe Stäbchen häkle 2 halbe Stäbchen
In das 61., 62., 63., 64., 65., 66., 67., 68., 69., 70., 71.
halbe Stäbchen häkle 1 halbes Stäbchen
in das 72.
halbe Stäbchen häkle 2 halbe Stäbchen
in das 73., 74., 75., 76., 77., 78., 79., 80., 81., 82., 83.
halbe Stäbchen häkle 1 halbes Stäbchen
in das 84.
halbe Stäbchen häkle 2 halbe Stäbchen
in das 85., 86., 87., 88., 89., 90., 91., 92., 93., 94., 95.
halbe Stäbchen häkle 1 halbes Stäbchen
in das 96.
halbe Stäbchen
häkle 2 halbe Stäbchen

Sooo viele Maschen: 104! Es ist genug. Du musst keine Maschen mehr zunehmen. Du hast den oberen Teil deiner Mütze gehäkelt. Nun kommt etwas zum Ausruhen und Genießen. Hänge dir einen bunten Faden an diese Stelle, damit du sie gleich wiederfindest. Jetzt häkelst du den Rand deiner Mütze. Häkle 8 Runden. Ohne Zunahme, ohne Abnahme, ohne zu zählen – einfach ein halbes Stäbchen neben das andere. Du kannst dabei tolle Musik hören, deine Lieblingskassette mit einem Hörspiel oder einfach nur vor dich hinträumen ...

So, genug geträumt! Du hast die 8 Runden gehäkelt und jetzt geht es wieder weiter mit aufregenden Sachen: das „Abnehmen".

Die Abnahme in der Runde

Hast du schon einmal die kleine Tasche auf Seite 20 mit den schrägen Klappenrändern ausprobiert? Dann weißt du schon, wie man am Rand abnimmt. Hier musst du nun über die ganze Runde verteilt abnehmen. Das klingt schwierig, ist es aber gar nicht, denn ich habe dir alles ganz genau aufgeschrieben.

Hänge noch einmal einen bunten Faden ein, damit du weißt, wo du angefangen hast. Häkle 26 halbe Stäbchen, bis hier ist es wie immer, aber jetzt kommt's:

Häkle mit festen Maschen weiter. Hänge dir auch an diese Stelle einen andersfarbigen Faden.

Häkle 5 feste Maschen in 5 halbe Stäbchen.

Die 6. feste Masche überspringt das 6. halbe Stäbchen. Du stichst gleich in das 7. halbe Stäbchen ein.

Häkle wieder 5 feste Maschen,

mit der 6. festen Masche überspringst du wieder 1 halbes Stäbchen.

Das machst du 11 Mal und dann bist du wieder bei deinem „Markierungs-Faden". Jetzt geht es auch schon ein bisschen schneller. Du hast 11 Maschen weniger. Weil sich durch das Überspringen die Anzahl der Maschen verringert, nennt man das „abnehmen".

In der nächsten Runde werden es auch wieder 11 Maschen weniger. Also fange gleich an.

Die 3. Abnahme-Runde:
Häkle 26 halbe Stäbchen,
häkle 4 feste Maschen,

überspringe mit der 5. festen Masche das 5. halbe Stäbchen und stich in das 6. halbe Stäbchen ein.

Auch das machst du einfach 11 Mal.

Du findest die Abnahmestellen schneller und besser, wenn du dir wieder einen andersfarbigen Faden einhängst. Es geht schneller und schneller, schon wieder sind es 11 Maschen weniger.

Und es geht in die 4. Abnahme-Runde:
Häkle 26 halbe Stäbchen,
häkle 3 feste Maschen,

überspringe mit der 4. festen Masche das 4. halbe Stäbchen.

Auch diesmal häkelst du das 11 Mal. Und schon bist du wieder am Anfang der Runde. Na, und jetzt kannst du gleich „hurra!" schreien, weil du fast fertig bist. Häkle noch einmal in jede Masche 1 feste Masche. Auch in die halben Stäbchen vorne an der Stirn. Häkle so lange, bis du an der hinteren Mitte angekommen bist. Hier hörst du einfach auf.

Merkst du es, du häkelst die Runde nicht zu Ende. Warum das so ist? Du kannst an dieser Stelle deinen Faden unsichtbarer vernähen. Und nun zum Schluss geht es genauso wie immer, wenn du mit häkeln fertig bist. Schneide den Faden ab, ziehe ihn durch die Masche hindurch, ziehe ein wenig an und vernähe ihn. Du bist fertig und deine Mütze ist einfach klasse! Wenn du noch etwas ganz Besonderes willst, nähe dir an der Stirnseite einen Knopf oder eine Applikation an. Vielleicht hast du auch eine schöne Brosche, die du anstecken kannst.
Das war die große, „vielmaschige" Mütze, das Barett.

Der Sonnenhut

Hier habe ich ganz lange überlegt, ob ich diesen Hut in dem Kapitel Hüte und Mützen oder in dem Kapitel Stäbchen beschreibe. Also, nun ist der Hut bei den Hüten und das Kapitel mit den Stäbchen kommt gleich anschließend.

Du häkelst den Hut zuerst mit festen Maschen, dann mit Stäbchen und den Rand wieder mit festen Maschen. Auf Seite 38 steht alles über die Stäbchen.

Aber bevor du erfährst, wie man diesen Hut häkelt, musst du zuerst einmal wissen, was man dazu braucht:

Das brauchst du

- ✔ 100 Gramm türkisfarbene Baumwolle (für Nadelstärke 4)
- ✔ 50 Gramm weiße Baumwolle (für Nadelstärke 4)
- ✔ 1 Häkelnadel, Stärke 4
- ✔ 1 gelben Knopf
- ✔ 1 dicke Sticknadel
- ✔ Schere

Ich habe mit Lyric 8/8 gehäkelt.

Und jetzt geht es los.

Die 1. und 2. Runde häkelst du wie bei dem Barett auf Seite 27.

Die 3., 4., 5., 6., 7., 8. und 9. Runde häkelst du auch wie bei dem Barett, nur mit dem Unterschied, dass du jetzt Stäbchen häkelst.

Ab der 10. Runde wird es wieder gemütlich. Häkle ohne zuzunehmen und immer noch mit Stäbchen 6 Runden. So, das waren 15 Runden.

Nun folgt der „Flipper-Flapper-Flopper-Rand". Du häkelst ihn mit festen Maschen. Hänge dir einen Faden an die Stelle, an der die Runde zu Ende ist und die neue Runde beginnt. Da der Rand etwas Neues ist, fange ich die neue Runde auch neu zu zählen an, also mit 1 (in Wirklichkeit ist es die Runde 16!).

1. Runde:
Häkle in jedes Stäbchen 1 feste Masche.

2. Runde:
Häkle in jede feste Masche 2 feste Maschen. So eine Menge! Das sind am Ende der Runde 144 Maschen.

3. Runde:
Noch einmal nimmst du zu. In die 1. feste Masche häkelst du 1 feste Masche,
in die 2. feste Masche häkelst du 1 feste Masche,
in die 3. feste Masche häkelst du 2 feste Maschen,
in die 4. feste Masche häkelst du 1 feste Masche,
in die 5. feste Masche häkelst du 1 feste Masche,
in die 6. feste Masche häkelst du 2 feste Maschen.

Du bist ganz schlau und weißt, dass es die ganze Runde so weitergeht: zweimal 1 Masche häkeln, dann einmal 2 Maschen häkeln; wieder zweimal 1 Masche, dann wieder die 2 Maschen – und so weiter.

Hier ist noch ein Tipp für dich. Damit du nicht immer alle Maschen zählen musst, sage immer vor dich hin: „einfach – einfach – doppelt" oder „eins – eins – zwei", bis zum Ende der Runde. Hier angekommen hast du dann wahnsinnige 190 Maschen. Dafür nimmst du jetzt auch gar nichts mehr zu und kannst es dir wieder gemütlich machen. Häkle und häkle und häkle eine feste Masche neben die andere. 7 Runden.

Ja, und jetzt, in der letzten Runde, kommt noch eine Runde mit weißem Garn. Danach vernähst du die Fäden.

Wie man vernäht, steht auf Seite 12.

Du bist fertig – es sei denn, du möchtest auch so eine kleine Blume häkeln, wie der Sonnenhut auf dem Foto hat. Das geht so:

Zuerst häkelst du 12 Luftmaschen.

Dann schließt du sie mit einer Kettmasche zu einem Ring.

Die Kettmasche ist auf Seite 9 erklärt!

Häkle in die 1. Luftmasche 4 Stäbchen,
häkle in die 2. Luftmasche 1 feste Masche,
häkle in die 3. Luftmasche 4 Stäbchen,
häkle in die 4. Luftmasche 1 feste Masche,
häkle in die 5. Luftmasche 4 Stäbchen,
häkle in die 6. Luftmasche 1 feste Masche,
häkle in die 7. Luftmasche 4 Stäbchen,
häkle in die 8. Luftmasche 1 feste Masche,
häkle in die 9. Luftmasche 4 Stäbchen,
häkle in die 10. Luftmasche 1 feste Masche,
häkle in die 11. Luftmasche 4 Stäbchen,
häkle in die 12. Luftmasche 1 feste Masche.

War doch ganz einfach, oder? Nun vernähst du die beiden Fäden und befestigst die Blume am Hut. Dazu steckst du den Knopf durch das kleine Loch in der Mitte deiner Blume und nähst den Knopf mit der Blume an den Hut.

Was für ein schöner Hut! Ein richtiger Sommer-Sonnen-Strand-und-Ferien-Hut.

Ist dir der Flopper-Rand zu sehr gekräuselt? Gefällt dir das nicht? Dann häkle einfach nur die Zunahme der 2. Runde. Du häkelst also den Rand dann nur mit den 144 Maschen. Dadurch wird er nicht so „floppig". Ich wünsche dir viel Spaß beim Häkeln und beim Tragen deines Hutes!

Du kannst diesen Hut auch aus Wolle häkeln, dann ist es ein „Wunder-Winter-Wärme-Hut".

Das Stäbchen

Hier kommt das Stäbchen. Fast kannst du es ja schon. Es ist nur etwas größer als das halbe Stäbchen.

Also, los geht's: Häkle zuerst wieder ein paar Luftmaschen.

Dann häkle 3 Wendeluftmaschen (wie das geht, steht auf Seite 8). Siehst du, hier ist schon ein Unterschied. Nicht 2, nein, 3 Wendeluftmaschen musst du nun häkeln. Klar, denn das Stäbchen ist ja auch größer als das halbe Stäbchen.

So, auf deiner Nadel „sitzt" eine Masche.

Lege den Faden von hinten nach vorne über die Nadel. Auf deiner Nadel sitzt eine Masche und liegt ein Faden.

Steche in die 5. Luftmasche ein, hole den Faden durch diese Masche hindurch.

Auf der Nadel sitzt eine Masche, liegt ein Faden, sitzt eine Masche. Siehst du, ganz genauso wie beim halben Stäbchen. (Schau noch einmal die Zeichnung zum halben Stäbchen auf Seite 19 an!) Aber jetzt kommt etwas, was das Stäbchen viel größer macht:
Lege den Faden von hinten nach vorne über die Nadel, ziehe ihn durch die 1. Masche und den Faden hindurch, auf deiner Nadel sitzen jetzt 2 Maschen.

Lege den Faden wieder von hinten nach vorne über die Nadel, ziehe ihn durch diese beiden Maschen hindurch.

Hast du den Unterschied zum halben Stäbchen bemerkt? Richtig, du hast den Faden einmal mehr durch die Maschen gezogen. Fantastisch, wie gut du es häkeln kannst. Übe noch ein wenig weiter.
Jetzt kannst du das Stäbchen schon prima häkeln und ich bin gespannt, was dir dazu alles einfällt. Mir fallen Pullover, Schals, Mützen, Kappen, Kissen, Decken, Netze für Bälle, für Haare, für Einkäufe, Taschen und Tops ein. Auf Seite 36 kannst du einen Hut und hier eine Westen-Jacke nachhäkeln.

Weißt du, was eine Westen-Jacke ist? Es ist eine Verwandlungskünstlerin! Erst häkelst du eine Weste und dann häkelst du noch Ärmel, die du einfach annähst!

Eine Weste ist einfach zu häkeln, sie besteht nur aus drei Teilen. Ich habe sie dir in drei unterschiedlichen Weisen beschrieben. Einmal ist sie wirklich ganz, ganz einfach, ein anderes Mal schon etwas schwieriger und in der dritten Beschreibung noch ein wenig schwieriger. Wenn du gar keine Weste haben möchtest, sondern lieber eine Jacke, ja dann habe ich dir auch noch ein Paar Ärmel zum Nachhäkeln beschrieben. Für alle Teile brauchst du nur einige wenige Luftmaschen, ein paar feste Maschen und natürlich Stäbchen, weil dieses das Stäbchen-Kapitel ist.

Hier kommt sie nun, die

Westen-Jacken-Verwandlungskünstlerin

Gleich kannst du loshäkeln. Aber zuerst musst du wissen, was du zum Häkeln der Weste benötigst. Für die allereinfachste der Westen und damit es ruckzuck geht, habe ich eine ganz dicke Wolle ausgesucht.

Das brauchst du

- ✔ 400 Gramm jeansblaue Wolle (für Nadelstärke 6)
- ✔ 1 Häkelnadel, Stärke 6
- ✔ 1 dicke Sticknadel
- ✔ Schere

Ich habe mit Mega von Schachenmayr gehäkelt.

Und hier steht noch etwas, was dir beim Häkeln helfen wird. Sicher weißt du, wie groß du bist – wenn nicht, lasse dich abmessen. Ich habe dir aufgezeichnet, wie groß die einzelnen Teile der Weste werden sollen. Richte dich immer nach der Farbe, die zu deiner Größe passt.

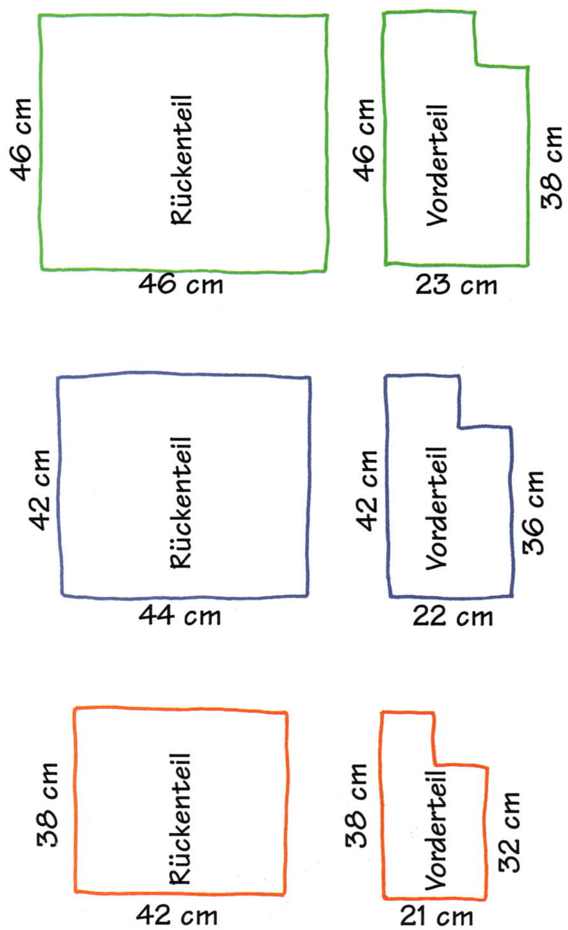

Rot – wenn du 130 cm groß bist.

Blau – wenn du 140 cm groß bist.

Grün – wenn du 150 cm groß bist.

In genau denselben Farben habe ich dir bei der Anleitung auch immer die Maschen aufgeschrieben. Wenn du 130 cm groß bist, richtest du dich nach den roten Zahlen, wenn du 140 cm groß bist, nimmst du die blauen Zahlen, und wenn du 150 cm groß bist, sind die grünen Zahlen für dich die richtigen.

Zuerst häkelst du das Rückenteil.
Wenn du 130 cm groß bist, häkle 46 Luftmaschen.

Wenn du 140 cm groß bist, häkle 48 Luftmaschen.

Wenn du 150 cm groß bist, häkle 50 Luftmaschen.
Wende deine Arbeit und häkle 1 Wendeluftmasche.

Steche in die 3. Luftmasche ein und häkle 45/47/49 feste Maschen – eine nach der anderen, bis du am Ende der Reihe angekommen bist. Dieses ist das Kapitel mit den Stäbchen und was sage ich dir gleich zu Anfang? Häkle feste Maschen!

Nun ja, ich habe dir doch versprochen, alles ganz einfach zu erklären und mir ganz einfache Sachen für dich einfallen zu lassen. Genau so ist es hier. Wenn du auf deiner Luftmaschenreihe lauter feste Maschen häkelst, geht das viel einfacher, als wenn du gleich mit Stäbchen anfängst.

So, du bist am Ende der Reihe angekommen. Wende deine Arbeit. Häkle 3 Wendeluftmaschen.
Stich in die 5. Masche ein (also in die 2. feste Masche) und häkle 45/47/49 Stäbchen.

Wende deine Arbeit und häkle wieder 3 Wendeluftmaschen.

Stich in die 5. Masche ein und häkle 45/47/49 Stäbchen.
Wende deine Arbeit und häkle, häkle, häkle immer so weiter: 3 Wendeluftmaschen und 45/47/49 Stäbchen ...
Nach ungefähr 16 Reihen ist schon dein erstes Knäuel zu Ende gehäkelt.

Wenn du 22/24/26 Reihen gehäkelt hast, höre einfach auf. Schneide den Faden ab, ziehe ihn durch die Masche hindurch, ziehe ein wenig an – dein Rückenteil ist fertig!

Ich bin sicher, es hat dir Spaß gemacht, und schnell ging es auch, oder?
Also häkle gleich weiter – jetzt kommt das Vorderteil an die Reihe.
Häkle 21/23/25 Luftmaschen.
Wende deine Arbeit und häkle 1 Wendeluftmasche.
Stich in die 3. Luftmasche ein und häkle 20/22/24 feste Maschen.
Wende deine Arbeit.
Jetzt kommen wieder die Stäbchen: Häkle 3 Wendeluftmaschen.

Stich in die 5. Masche (also in die 2. feste Masche) ein und häkle 20/22/24 Stäbchen.

Na, viel mehr muss ich dir sicher nicht sagen. Du weißt, wie es weitergeht. Klar, immer so weiter: 3 Wendeluftmaschen und 20/22/24 Stäbchen.

Du hast 16/18/20 Reihen gehäkelt und endlich passiert etwas Neues. Du häkelst den Halsausschnitt!

Schau, so sieht das aus:

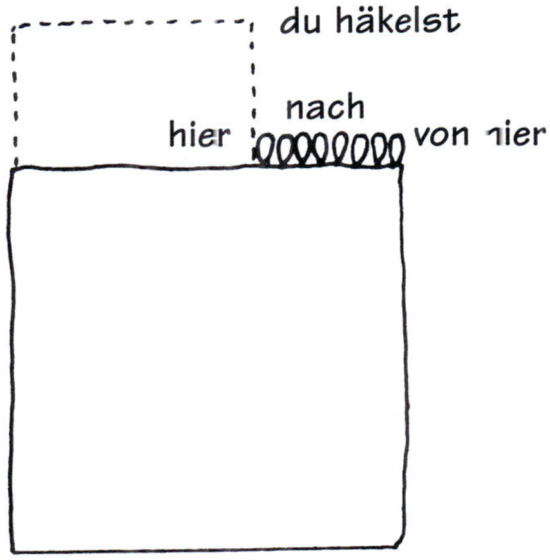

Du hörst einfach 8 Stäbchen früher auf. Richtig, du häkelst nicht bis ans Ende der Reihe! Das wird das „Loch", durch das du später den Hals hindurch steckst.
Wende deine Arbeit und häkle 3 Wendeluftmaschen.
Dann häkle 12/14/16 Stäbchen.
Na, und jetzt geht es erst richtig schnell, mit nur noch so wenigen Maschen. Häkle noch 4/4/6 solche kurzen, schnellen Reihen. Das erste Vorderteil ist fertig! Vernähe die Fäden.
Dieses war der erste Streich, doch der zweite folgt sogleich.

Häkle das zweite Vorderteil.
Zuerst arbeitest du es ganz genauso wie das erste Vorderteil. Aber nur am Anfang! Wenn du die 16/18/20 Reihen gehäkelt

hast, kommst du ja zum Halsausschnitt und hier wird es spannend. Du hast die Reihe zu Ende gehäkelt. Schneide den Faden ab. Ziehe ihn durch die Masche hindurch und ziehe ein wenig an. Jetzt kommt etwas ganz Wichtiges! Lege die beiden Vorderteile vor dich hin. Siehst du, so sieht das aus:

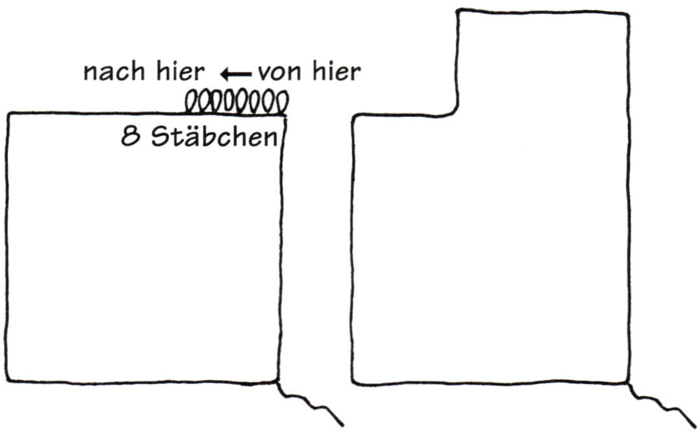

Schau dir die Zeichnung an. Zähle vom Anfang der Reihe 8 Stäbchen ab. Die 3 Wendeluftmaschen zählen als 1 Stäbchen.

Stich mit einem neuen Faden vom Knäuel in das 9. Stäbchen ein und häkle 12/14/16 Stäbchen.

Na, ganz toll hast du das gemacht.

Wende deine Arbeit.

Häkle 3 Wendeluftmaschen und stich in die 5. Masche (also das 2. Stäbchen) ein.

Häkle bis zum Ende der Reihe.

Arbeite noch 4/4/6 Reihen genau so.

Dein 2. Vorderteil ist auch fertig. Du hast jetzt drei Lappen gehäkelt. Oh je, oh je, da sind wir schon wieder bei den Lappen! Keine Angst, wir werden sofort aus den drei Lappen eine ordentliche Weste machen.

Damit du bei allen drei Teilen die „schöne" Seite oben hast, musst du so nähen:

Lege die drei Teile vor dich auf den Tisch. Bei allen Teilen soll der Anfangsfaden rechts unten liegen – so, wie in der Zeichnung.

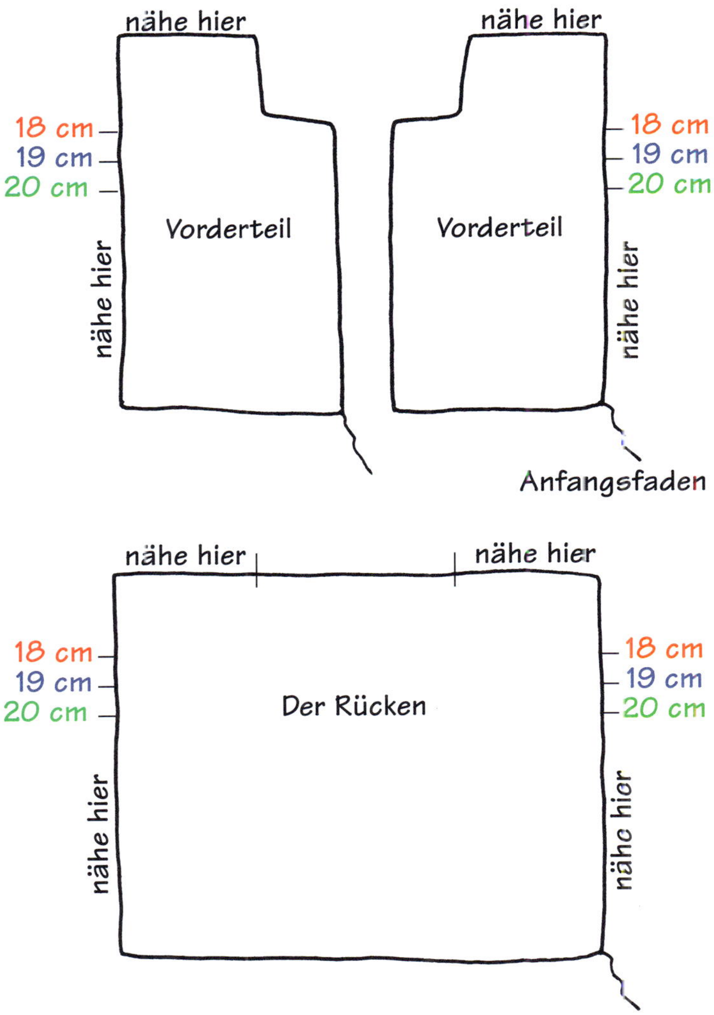

Ich habe dir auch eingezeichnet, welche Seiten du nun zusammennähen musst. Zum Nähen verwendest du hier den Matratzenstich. Nein das hat nichts mit schlafen zu tun! Schön wach bleiben und auf der Zeichnung nachschauen, wie es gemacht wird.

Der Matratzenstich

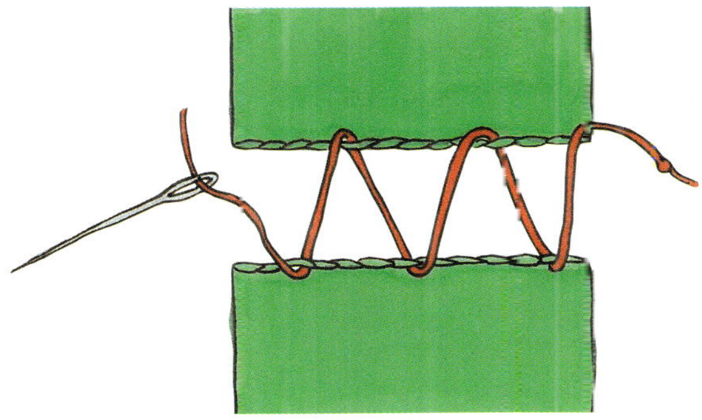

Ich weiß schon, das Zusammennähen geht ganz toll und schnell, aber nähe nicht gleich die ganze Seite zu. Du willst doch sicher deine Arme irgendwo herausstrecken!

Schau nach auf der Zeichnung, da habe ich dir ganz genau eingezeichnet, bis wohin du nähst. Wenn du 130/140/150 cm groß bist, lässt du das Loch 18/19/20 cm offen.

So, die Seitennähte sind zugenäht. Jetzt kommen die Schulternähte dran. Lege die Schulter des Vorderteils an die Schulter des Rückenteils und nähe – ja, auch, im Matratzenstich. Nähe zuerst die eine Schulter zusammen und dann die andere. Jetzt nur noch die Fäden vernähen. Bist du nicht einfach fabelhaft?!! Du kannst deine Weste anziehen, sie ist fertig.

Das war die ganz, ganz einfache Weste. Sie hält dich warm, sieht nett aus, aber so richtig hübsch findest du sie eigentlich nicht. Dann werde ich dir jetzt erklären, wie du sie ganz schnell und einfach verschönern kannst. Du häkelst einen Rand außen herum!

Klappe die Weste zu, sodass die Vorderteile auf dem Rückenteil liegen. Hinten in der Mitte des Halsausschnittes geht es los. In der Zeichnung habe ich dir Zahlen eingezeichnet, denen du einfach folgst. Hinten am Halsausschnitt, da wo es losgeht, steht die 1.

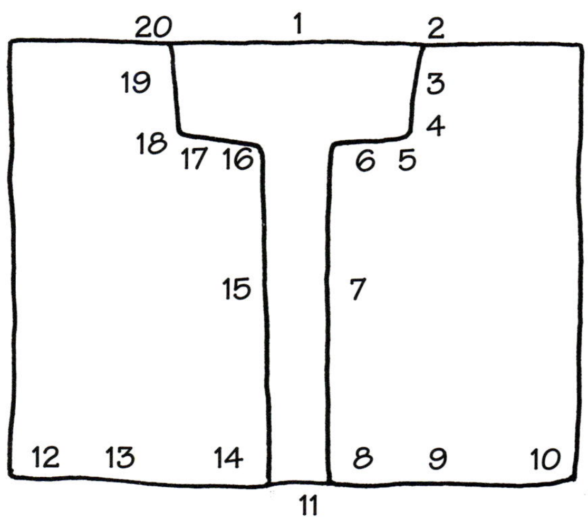

Häkle mit festen Maschen.

Stich mit der Häkelnadel bei 1 ein – von außen nach innen.

Hole den Faden durch die Maschen hindurch und häkle 1 Luftmasche.

In die nächste Masche häkelst du eine feste Masche. Mit den festen Maschen geht es immer weiter, bis du an der Kurve bei 2 ankommst. Häkle einfach mit einer festen Masche um die Kurve herum zum Vorderteil.

Du bist an der Seite des Halsausschnittes bei 3. Häkle immer feste Maschen.
Bei 4 kommt schon wieder eine Kurve.

Häkle einfach weiter bis zur 5 am vorderen Halsausschnitt, da, wo der „Adamsapfel" sitzt.

Und jetzt kommt eine Ecke bei der Zahl 6. Endlich passiert wieder einmal etwas Neues. An dieser Ecke, bei 6, häkelst du 3 feste Maschen in eine Masche. Beim Topflappen – oh je, schon wieder der Topflappen – auf Seite 11 habe ich dir erklärt, warum du so häkeln sollst.

Na, und jetzt geht es wieder weiter mit der Knopfleiste bei 7. Man nennt es die Knopfleiste, auch wenn gar keine Knöpfe dort hinkommen.

Wenn du noch sehr klein bist, oder du noch nie gehäkelt hast, findest du vielleicht einen netten Menschen, der dir an dieser Stelle ein bisschen hilft. Hier ist es ein wenig verzwickt, in die Maschen hineinzustechen. Egal, ob mit Hilfe oder alleine, du hast es geschafft und bist am unteren Ende angelangt.

In die Masche an der Ecke bei 8 häkelst du wieder 3 feste Maschen. Du bist um die Ecke herum und jetzt hast du eine wunderbare, ganz gerade Strecke vor dir. Du bist am unteren Rand deiner Weste bei 9.

Wenn du die Weste an hast, ist das linke Vorderteil auch wirklich links – auf der Zeichnung ist es rechts, weil du ja von vorne darauf schaust!

Schon bist du an der Seitennaht bei 10. Weiter häkelst du am Rückenteil, vorbei an der 11. Auf der Zeichnung ist das Rückenteil von den beiden Vorderteilen fast verdeckt. Feste Maschen, feste Maschen, eine nach der anderen, und schon bist du wieder an der Seitennaht, diesmal auf der anderen Seite bei der 12.

Häkle einfach weiter. Du bist jetzt am linken Vorderteil bei 13 (eine Glückszahl, oder?). Häkle, häkle ... und schon bist du wieder an einer Ecke, bei 14. Häkle 3 feste Maschen in diese Ecke. Dann geht es weiter mit der nächsten Knopfleiste, also vorbei an 15.

Alleine oder mit Hilfe – schon bist du wieder an einer Ecke angekommen. Es ist die Ecke vom Halsausschnitt bei 16. Dort häkelst du wieder 3 feste Maschen für die Ecke. Häkle weiter am vorderen Halsausschnitt bei 17 entlang und schon kommt bei 18 wieder eine Kurve. Du weißt, in die Kurven „legst" du dich nur mit einer festen Masche, du brauchst keine Eckmaschen.

Jetzt bist du an der Seite des Halsausschnittes bei 19 angekommen. Ein letztes Mal kommst du an eine Kurve, bei 20. Auch in dieser Kurve häkelst du nur eine feste Masche.

Nun geht es in den Endspurt! Häkle eine feste Masche nach der anderen, bis zur 1 – du bist wieder da, wo du angefangen hast: in der Mitte des hinteren Halsausschnittes! Schneide den Faden ab. Ziehe ihn durch die Masche hindurch und vernähe ihn. Ja, und natürlich den Anfangsfaden auch. Fertig bist du! Probier deine Weste noch einmal an. Na, findest du sie schön? Ach, sie könnte n o c h schöner sein? Zum Beispiel wie die auf dem Foto auf Seite 39?

Das brauchst du

- ✔ 100 Gramm dunkelblaue Wolle (für Nadelstärke 6)

Und jetzt geht alles ganz einfach. Lies einfach nach, wie du die jeansblaue Reihe mit den festen Maschen gehäkelt hast.

Genauso geht es jetzt mit der dunkelblauen Wolle. Na, findest du dich und deine Weste schön? Du bist immer noch nicht ganz zufrieden? Du willst die Weste zuknöpfen? Das ist etwas für ganz Verwegene und Mutige!!!

Das brauchst du

- ✔ Nähnadel und Faden
- ✔ Knöpfe (für die beiden kleineren Größen 5 Knöpfe, für die große Größe 6 Knöpfe)

Dann fängst du an. Häkle weiter mit der dunkelblauen Wolle. Achtung, Achtung, hier kommt wieder eine wichtige Erklärung!!

Knopflöcher

Eigentlich habe ich sie dir schon bei der kleinen Tasche auf Seite 23 beschrieben. Hier müssen sie aber an ganz verschiedenen Stellen gehäkelt werden, deshalb erkläre ich sie dir noch einmal. Wenn du die Weste anziehst und bist ein Mädchen, dann sind die Knopflöcher im rechten Vorderteil. Bist du ein Junge, dann sind sie im linken Vorderteil. Also, los geht es. Dieses wird eine ganz heiße Runde. Du beginnst wieder hinten in der Mitte beim Halsausschnitt (bei 1) – aaaber – dieses Mal häkelst du genau in der anderen Richtung. Weißt du, wenn du noch eine Runde in der gleichen Richtung häkelst, dann klappt das Rändchen nach oben und das sieht gar nicht schön aus.

Die Innenseite deiner Weste schaut zu dir hin. Häkle den hinteren Ausschnitt, dann den Ausschnitt an der Seite des Halses und den Ausschnitt vorne am Hals. An der Ecke zum Vorderteil, also bei 16, häkelst du wieder 3 feste Maschen. Bis jetzt war alles – außer der Richtung – wie immer. Aber nun kommt es. Bist du ein Mädchen, dann häkelst du jetzt die Knopflöcher.
So geht es:
Du hast die 3 festen Maschen an der Ecke des Vorderteils gehäkelt. Nun häkelst du keine feste Masche, sondern 2 Luftmaschen. Mit ihnen überspringst du 2 feste Maschen und wunderbar, du hast dein erstes Knopfloch gehäkelt. Toll was? Sofort geht es weiter:
Häkle 5 feste Maschen in 5 feste Maschen.

2. Knopfloch:
Häkle 2 Luftmaschen, überspringe 2 feste Maschen, häkle 5 feste Maschen.

3. Knopfloch:
Häkle 2 Luftmaschen, überspringe 2 feste Maschen, häkle 5 feste Maschen.

4. Knopfloch:
Häkle 2 Luftmaschen, überspringe 2 feste Maschen, häkle 5 feste Maschen.

5. Knopfloch:
Häkle 2 Luftmaschen, überspringe 2 feste Maschen, häkle 5 feste Maschen.

Wenn du 150 cm groß bist, braucht deine Weste schon 6 Knöpfe und natürlich auch 6 Knopflöcher! Häkle also noch einmal 2 Luftmaschen, überspringe 2 feste Maschen und häkle 5 feste Maschen.

Jetzt geht es wieder für alle Größen gleich weiter:

Häkle am Ende noch einmal feste Maschen in feste Maschen, bis du an die Ecke bei 14 kommst. Dort häkelst du die 3 festen Maschen für die Ecke.

Nun kommt eine Ausruhreihe. Häkle einfach feste Maschen am ganzen unteren Rand deiner Weste entlang, bis du an der Ecke des linken Vorderteils angekommen bist, also bei 8. Häkle 3 feste Maschen. Bist du ein Mädchen häkle einfach weiter. Bist du ein Junge, dann häkelst du jetzt die Knopflöcher. Also: Achtung, fertig, los!

Nach den 3 festen Maschen in der Ecke häkle 5 feste Maschen. Dann häkelst du 2 Luftmaschen, überspringst 2 feste Maschen und häkelst 5 feste Maschen. Jetzt hast du dein erstes Knopfloch.

2. Knopfloch:
Häkle 2 Luftmaschen, überspringe 2 feste Maschen, häkle 5 feste Maschen.

3. Knopfloch:
Häkle 2 Luftmaschen, überspringe 2 feste Maschen, häkle 5 feste Maschen.

4. Knopfloch:
Häkle 2 Luftmaschen, überspringe 2 feste Maschen, häkle 5 feste Maschen.

5. Knopfloch:
Häkle 2 Luftmaschen, überspringe 2 feste Maschen, häkle 5 feste Maschen.

Wenn du 150 cm groß bist, braucht deine Weste einen Knopf und ein Knopfloch mehr. Also häkelst du noch einmal 2 Luftmaschen, überspringst 2 feste Maschen und häkelst 5 feste Maschen. Nun geht es wieder für alle Größen gleich weiter. Häkle mit 3 festen Maschen um die Ecke bei 6.

Jetzt bist du vorne am Halsausschnitt bei 5, häkelst um die Ecke bei 4, weiter am Halsausschnitt entlang bei 3 und – hurra, fast fertig! – am Halsausschnitt hinten weiter bis zur Zahl 1. Schneide den Faden ab und ziehe ihn durch die Masche hindurch. Nun musst du nur noch die beiden Fäden vernähen, den vom Anfang und den vom Ende.

So eine fabelhaft schöne Weste hast du gehäkelt. Nähe noch die Knöpfe an und dann ist sie wirklich ganz und gar fertig. Was werden dich deine Freunde und Freundinnen beneiden!

Also die Weste ist fertig. Aber du willst gar keine Weste, du willst viel lieber eine Jacke? Und überhaupt, das Häkeln ging sooo toll, dass du am liebsten gleich weitermachen möchtest? Kein Problem, hier kommt die Beschreibung für die Ärmel!

Für die Ärmel benötigst du noch einmal etwas mehr Wolle.

Eine Weste mit Ärmeln

Du häkelst deine Weste einfach weiter!

Das brauchst du

- ✔ 200 Gramm von der jeansblauen Wolle
- ✔ dunkelblaue Wolle (davon brauchst du kein neues Knäuel, du hast noch genügend übrig von der Weste)

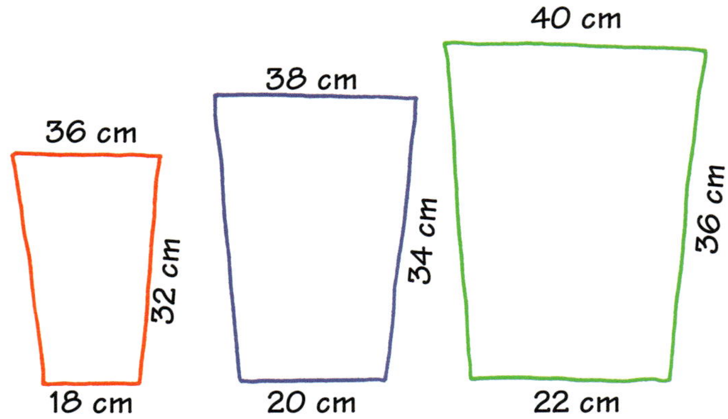

Häkle 22/24/26 Luftmaschen mit der dunkelblauen Wolle. Dann häkelst du 1 Wendeluftmasche. Jetzt schreibe ich dir wieder Reihe für Reihe auf:

1. Reihe:
Stich in die 3. Luftmasche ein und häkle 21/23/25 feste Maschen. Du bist am Ende der Reihe. Wende deine Arbeit.

2. Reihe:
Häkle 1 Wendeluftmasche und häkle 21/23/25 feste Maschen. Schneide den dunkelblauen Faden ab. Weiter geht es mit der jeansblauen Wolle.

3. Reihe:
Da du jetzt mit Stäbchen weitermachst, musst du 3 Wendeluftmaschen häkeln! Häkle in jede feste Masche 1 Stäbchen, also 21/23/25 Stäbchen – natürlich nicht in die erste feste Masche, da „sitzen" ja die Wendeluftmaschen darauf! Wende den Ärmel.

Und wieder erfährst du etwas Neues: das Zunehmen.

Bei den „Kopf-Verschönerern" auf den Seiten 26 und 36 steht auch etwas über die Zunahme. Dort geht es um das Zunehmen beim Häkeln in Runden. Hier nimmst du beim Reihenhäkeln zu!

Die Zunahme in der Reihe

4. Reihe: Häkle die 3 Wendeluftmaschen und jetzt kommt es: Überspringe das 1. Stäbchen nicht! Häkle 1 Stäbchen darauf. Merkst du etwas? Richtig, du hast jetzt 1 Masche mehr, also 23/25/27 (damit es ganz einfach ist, habe ich die Wendeluftmaschen als ein Stäbchen mitgezählt).

Häkle bis zum Ende der Reihe. Wende deine Arbeit.

5. Reihe: Häkle 3 Wendeluftmaschen. Häkle auf das 1. Stäbchen 1 Stäbchen. Schon hast du wieder 1 Masche mehr. Die brauchst du auch, denn dein Arm wird ja auch nach oben hin dicker. Häkle die Reihe zu Ende. Du hast nun 24/26/28 Stäbchen.

Ja, und so geht es weiter und weiter. Immer, wenn du am Anfang der Reihe bist, nimmst du eine Masche zu, bis dein Ärmel ganz oben und fertig ist. Schau noch einmal auf der Zeichnung nach. Damit du aber immer einmal nachzählen kannst, schreibe ich dir die Reihen auf und auch, wie viele Stäbchen du in dieser Reihe hast.

6. Reihe: 25/27/29
7. Reihe: 26/28/30
8. Reihe: 27/29/31
9. Reihe: 28/30/32
10. Reihe: 29/31/33
11. Reihe: 30/32/34
12. Reihe: 31/33/35
13. Reihe: 32/34/36
14. Reihe: 33/35/37
15. Reihe: 34/36/38
16. Reihe: 35/37/39
17. Reihe: 36/38/40
18. Reihe: 37/39/41
19. Reihe: 38/40/42
20. Reihe: 39/41/43
21. Reihe: 40/42/44

In der 21. Reihe bist du mit dem Ärmel für die kleinste Größe fertig. Für die mittlere und die große Größe häkle weiter.

22. Reihe: 43/45
23. Reihe: 44/46

In der 23. Reihe bist du auch für die mittlere Größe mit dem Häkeln fertig. Für die große Größe geht es noch ein kleines Stückchen weiter:
24. Reihe: 47
25. Reihe: 48
Jetzt ist auch die große Größe fertig.

Uff, geschafft, auch für die ganz große Größe. Ein Ärmel ist fertig. Häkle den 2. Ärmel ganz genauso.

Vernähe die Fäden.

Nähe die Ärmel an den beiden schrägen Seitenkanten zu – auch im Matratzenstich, wie ich es auf Seite 43 beschrieben habe.

Ach, und noch etwas Wichtiges: Nähe das dunkelblaue Rändchen mit dem dunkelblauen Faden zusammen und den restlichen Ärmel mit der jeansblauen Wolle. Das sieht viel hübscher aus, weil es gar nicht auffällt, dass du an dieser Stelle genäht hast.

Und nun musst du einfach nur noch die beiden Ärmel in die beiden Armlöcher einnähen. Klar, du weißt es schon. Im Matratzenstich...

Lege die Weste so vor dich hin.

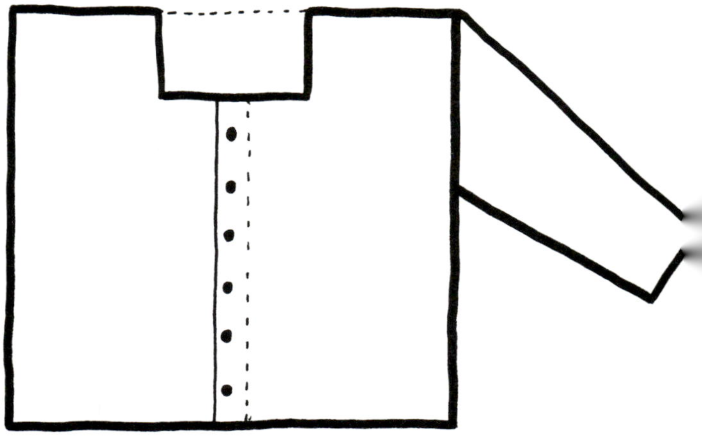

Lege den Ärmel an das Armloch. Dann faltest du eine Zeitung und schiebst sie durch den Ärmel in das Armloch der Weste hinein. Jetzt kannst du wunderbar nähen, da das Armloch und der Ärmel ganz glatt und gerade vor dir liegen. Die Zeitung verhindert auch, dass du mit der Nadel aus Versehen ganz hindurchstichst und den Ärmel anstatt anzunähen – zunähst! Deine Jacke ist fertig. Warm ist sie, schick ist sie und einmalig. Niemand anderer hat eine solche Jacke.

Ist das nicht ein toller Gedanke? Sogar wenn 1000 Kinder nach dieser Anleitung eine Jacke häkeln – bei jedem Kind wird sie anders aussehen. Andere Wolle, andere Farbe, andere Knöpfe. Ich finde das einen tollen Gedanken.

Das doppelte Stäbchen

Eigentlich kannst du es schon häkeln. Woher ich das weiß? Weil es fast ganz genauso wie das halbe Stäbchen und das einfache Stäbchen gehäkelt wird. Und weil bei doppelt immer irgend etwas doppelt, also zweimal da ist, wickelst du bei dem doppelten Stäbchen den Faden gleich zweimal um die Nadel. Du ziehst dann deinen Häkelfaden auch noch ein Mal mehr hindurch. Alles klar? Na, ich glaube, das ist ein bisschen viel verlangt, oder? Also ganz langsam und von vorne zum Mithäkeln!

Häkle ein paar Luftmaschen, so viele du magst.

Häkle 4 Wendeluftmaschen – das ist klar, denn das doppelte Stäbchen ist ja auch größer als die anderen. Da müssen es auch mehr Wendeluftmaschen sein!

Auf der Nadel hängt nun 1 Masche.

Wickle den Faden von hinten nach vorne – jetzt aber gleich zweimal! – über die Nadel. Jetzt hast du auf der Nadel: 1 Masche und 2 Schaufen.

Stich in die 6. Luftmasche ein und ziehe den Faden durch die 1. Masche hindurch.

Auf der Nadel hast du nun: 1 Masche, 1 Schlaufe, 1 Schlaufe, 1 Masche.

Lege den Faden über die Nadel, du weißt schon, von hinten nach vorne.

Ziehe den Faden durch die 1. Masche und die 1. Schlaufe hindurch. Nun wird es schon ein bisschen leerer auf der Nadel. Du hast 1 Masche, 1 Schlaufe und 1 Masche auf der Nadel.

Lege den Faden wieder über die Nadel (von hinten nach vorne!) und ziehe ihn durch 1 Masche und 1 Schlaufe hindurch. Auf der Nadel ist es schon fast ganz leer. 2 Maschen sind noch auf der Nadel.

Lege den Faden noch einmal über die Nadel und ziehe ihn durch die beiden Maschen hindurch. Geschafft, du hast dein erstes Doppelstäbchen gehäkelt!

Du musst doch zugeben, es ist sehr viel größer als die beiden anderen Stäbchen …

Was ist das Einfachste, das du mit dem doppelten Stäbchen häkeln kannst? Jawohl, ein Schal. Findest du nicht gut? Ich denke, es ist wie beim Topflappen. Ein Topflappen kann ganz doof sein, man kann ihn aber auch ganz farbig und lustig machen. Überlege einmal, wie ein Schal aussehen kann? Viele Farben, dicke Wolle,

Ein Schal aus buntem Garn

dünne Wolle, „strubbelige" Wolle, wuscheliges Angora, glänzendes Garn. Du kannst ein dünnes Garn mit dicker Nadel häkeln, dann wird der Schal ganz luftig und leicht. Ich habe dir hier drei Schals gehäkelt, damit du weißt, mit welchem Garn du wie viele Maschen mit welcher Nadel häkeln musst.

Sie halten dir im Winter den Hals schön warm. Vielleicht findest du auch so eine mehrfarbige Wolle, wie ich sie hier verhäkelt habe. Das macht deinen Schal schön bunt und fröhlich.

Wenn du keine solche Wolle hast, nimm einfach 2, 3, 4, 5 – deiner Fantasie sind keine Grenzen gesetzt – verschiedene Farben, die dir gut gefallen. Du kannst auch Wollreste verhäkeln. Das sieht wunderschön und kunterbunt aus. Breite Streifen, schmale Streifen, viele Farben.

Er ist blau-weiß von ganz alleine!

Das brauchst du

- ✔ 100 Gramm blau-weiße Wolle (für Nadelstärke 4)
- ✔ 1 Häkelnadel, Stärke 4
- ✔ 1 dicke Sticknadel
- ✔ Schere

Du hast die Wolle und die Häkelnadel, und schon kann es los gehen.

Häkle 20 Luftmaschen.

Häkle 1 Wendeluftmasche, überspringe die 1. Luftmasche und häkle 19 feste Maschen.

Wende die Arbeit.

Häkle 4 Wendeluftmaschen. Du weißt sicher noch warum? Schau nach auf Seite 8, da habe ich etwas dazu geschrieben.

Überspringe die erste feste Masche und jetzt kommt es: Häkle 19 doppelte Stäbchen. Wende die Arbeit. Häkle 4 Wendeluftmaschen und 19 doppelte Stäbchen. Und jetzt: Häkle weiter, und weiter, und weiter und weiter und ... so lange, bis dein Schal lang genug ist.

Ein Zwei-Farben-Schal

Das brauchst du

- ✔ 50 Gramm gelbe Wolle
- ✔ 50 Gramm schwarze Wolle (beide Farben für Nadelstärke 4)
- ✔ 1 Häkelnadel, Stärke 4
- ✔ 1 dicke Sticknadel
- ✔ Schere

Ich habe mit Regia 6 von Schachenmayr gehäkelt.

Er ist gelb und schwarz. Vielleicht findest du grün und blau, rot und gelb, lila und pink, schwarz und weiß, türkis und blau schöner. Wie wäre ein Schal in den Farben deines Sportvereins? Vielleicht darfst du auch zum Einkaufen mitgehen und dir Farben aussuchen, die dir ganz besonders gut gefallen.

Gehäkelt wird er ganz genauso wie der erste Schal, nur dass du auf der Hälfte der Länge die Farbe wechselst.

Ein Schal für Mädchen

Du häkelst diesen Schal genauso wie die beiden anderen.

Wenn du alles gehäkelt hast, kannst du die Bändchen einziehen. Schneide die Bändchen in der Mitte durch, damit du für jedes Ende deines Schals von allen drei Farben ein Bändchen hast. Stich mit der Sicherheitsnadel an dem einen Ende des hellblauen Bändchens hindurch. Jetzt fädelst du das Bändchen in den Schal. Dazu webst du in der 2. Stäbchen-Reihe mit der Sicherheitsnadel von einer zur anderen Seite – und zwar immer abwechselnd über und unter einem Stäbchen hindurch. Wenn du an der anderen Seite angekommen bist, ziehst du das Bändchen so weit hindurch, dass auf beiden Seiten gleich lange Schwänzchen herunterhängen. So, und mit diesen beiden Enden webst du nun jeweils bis zur Mitte zurück. Mache einen Knoten und eine Schleife.

In der 5. Reihe tust du das Gleiche mit dem weißen Bändchen und in der 8. Reihe mit dem türkisfarbenen Bändchen.

Auf der anderen Seite des Schals machst du es ebenso. Der Schal ist wuschelig, die Bändchen glänzen, die Schleifen sehen ganz besonders hübsch aus. Ist er nicht wunderschön, dein Schal?

Das brauchst du

- ✔ 4 Knäule rosa Angora-Wolle (für Nadelstärke 4,5)
- ✔ 120 cm blaues Bändchen
- ✔ 120 m weißes Bändchen
- ✔ 120 m türkisfarbenes Bändchen (alle Bändchen sollten etwa 0,5 cm breit sein)
- ✔ 1 Häkelnadel, Stärke 4,5
- ✔ 1 Sicherheitsnadel
- ✔ Schere

Impressum

Die Deutsche Bibliothek – CIP-Einheitsaufnahme

Ein Titeldatensatz für diese Publikation ist bei Der Deutschen Bibliothek erhältlich.

Danksagung

Ich bedanke mich ganz besonders bei Nina, Evi, Barbara, Julia Helfrich und Dalya Sözen, die fleißig alle Maschen nachgehäkelt haben.

Ein großes Dankeschön auch an Frau Stefanie Frey der Firma Coats GmbH, die mir viele „Wolltipps" gegeben hat.

Fotografie: Klaus Lipa, Diedorf bei Augsburg

Lektorat: Melanie Gutschker, Augsburg

Umschlagkonzeption: Kontrapunkt, Kopenhagen

Satz und Layout: Petra Pawletko, Augsburg

Anleitungszeichnungen und Illustrationen:
Charmaine Müller

Augustus Verlag München 2001

Reproduktion: Mayr Reprotechnik, Donauwörth
Druck und Bindung: Uhl, Radolfzell

Gedruckt auf 115 g umweltfreundlich elementar chlorfrei gebleichtes Papier.

ISBN 3-8043-0771-X

Printed in Germany